U0455352

河北省哲学社会科学基金一般项目
"新世纪以来国外中国共产党软实力研究评析"（项目编号：HB19MK006）

中国特色社会主义
基本价值观念研究

Research on the Basic Values of
Socialism with Chinese Characteristics

何启刚　著

社会科学文献出版社
SOCIAL SCIENCES ACADEMIC PRESS (CHINA)

序

中共十六届六中全会提出了"社会主义核心价值体系"的概念，并对社会主义核心价值体系的内容做了阐述。中共十八大在此基础上，鲜明地提出了以"富强、民主、文明、和谐、自由、平等、公正、法治、爱国、敬业、诚信、友善"为基本内容的社会主义核心价值观，并作出了"积极培育和践行社会主义核心价值观"①的重大战略部署。社会主义核心价值观的提出，对科学社会主义理论是一个原创性贡献，对巩固马克思主义在意识形态领域的指导地位、巩固全党全国人民团结奋斗的共同思想基础，具有重大现实意义和深远历史意义。

社会主义核心价值观提出后，全国上下掀起了培育和践行社会主义核心价值观的热潮，"三个倡导""24个字"的社会主义核心价值观在社会上得到广泛传播，有力地推动了社会主义精神文明建设。同时，实践的发展特别是宣传的日益深入，对深入研究社会主义核心价值观提出了现实要求。这种要求集中体现在三个基本方面：一是准确把握社会主义核心价值观的内涵；二是进一步凝练和概括出更为简洁的社会主义核心价值观；三是在落实落细落小上下功夫，进一步丰富和拓展践行社会主义核心价值观的现实路径。

正是在这个意义上，何启刚博士2013年至2016年在中共中央党校攻读博士学位时选择以"中国特色社会主义基本价值观念研究"作为博士学

---

① 胡锦涛：《坚定不移沿着中国特色社会主义道路前进　为全面建成小康社会而奋斗——在中国共产党第十八次全国代表大会上的报告》，人民出版社，2012，第32页。

位论文题目，试图在吸收借鉴学术界研究成果的基础上对上述问题进行探索。何启刚博士的学位论文，在厘清基本概念的基础上，揭示了中国特色社会主义基本价值观念的本质内涵，并从马克思主义经典作家关于未来社会的价值理想、中华文化传统价值观念、西方文化近现代价值观念和当代中国社会发展状况等方面分析了中国特色社会主义基本价值观念的思想渊源和现实基础，进而提出了中国特色社会主义基本价值观念的内容，最后对中国特色社会主义基本价值观念的现实意义进行了阐述。作为何启刚同志在博士研究生学习期间的指导老师，我乐意为他这篇即将付梓的博士学位论文作序，将这一部兼具一定理论价值和现实价值的学术专著推荐给学术界。

为什么要使用"中国特色社会主义基本价值观念"这一概念呢？它与社会主义核心价值观又是什么关系呢？

第一，中国特色社会主义基本价值观念与社会主义核心价值观在内容上是一致的，均指当代中国的主流价值观念。任何一个社会的价值观念都不可能是单一的，而是一个多层次的复合体。在这种多层次的价值观念体系中，必然有一种价值观念处于支配地位，影响、制约和支配着人们的思想和行为，这就是主流价值观念。"社会主义核心价值观"可从本来意义和特指意义两个维度去理解。本来意义上的"社会主义核心价值观"泛指所有社会主义国家都必须坚守的核心价值观念，是社会主义制度同其他社会制度在思想文化上的本质区别所在；特指意义上的"社会主义核心价值观"是指当代中国的主流价值观念，即中国特色社会主义基本价值观念。当前，我们所培育和概括的"社会主义核心价值观"不是着眼于为所有社会主义国家提供一般意义上的价值指导原则，而是要建构当代中国的主流价值观念。而当代中国的主流价值观念就是中国特色社会主义基本价值观念。正如习近平总书记所说："当代中国价值观念，就是中国特色社会主义价值观念，代表了中国先进文化的前进方向。"①

---

① 《建设社会主义文化强国　着力提高国家文化软实力》，《人民日报》2014 年 1 月 1 日。

第二，社会主义核心价值观与中国特色社会主义基本价值观念是一般与特殊的关系。首先，作为当代中国主流价值观念的中国特色社会主义基本价值观念，应该体现社会主义核心价值观的基本内容，这是由我国社会主义性质决定的；其次，由于历史传统、发展阶段、文化背景等方面的差异，中国特色社会主义基本价值观念在内容上又必然会既体现社会主义制度本质又立足当代中国基本国情，既体现共产主义价值理想又反映中国人民现实利益诉求。概括地说，社会主义核心价值观既是中国特色社会主义基本价值观念的重要内容，也是建构中国特色社会主义基本价值观念必须遵循的基本原则；中国特色社会主义基本价值观念是社会主义核心价值观在当代中国的具体体现和现实展开，是社会主义核心价值观在当代中国的运用与发展。

第三，"基本"在概念的内涵上具有丰富性，包含的内容更广泛一些。"核心"通常是指一个事物的本质。作为一种社会制度本质理念的核心价值观念在表述上不可能太多，太多了就不能成其为"核心"了。但"基本"既包含"核心"之意，又有"主要"的意思。"基本"语义上的丰富性，使我们在当代中国主流价值观念的表述上会更加准确，也为我们进一步研究当代中国主流价值观念提供了较为广阔的空间。可见，使用"中国特色社会主义基本价值观念"更符合当代中国现实，这一概念的学术性也更强一些。基于以上考虑，何启刚同志在博士学位论文中使用了"中国特色社会主义基本价值观念"这个表述。

关于中国特色社会主义基本价值观念的内容，何启刚博士在广泛进行学术调研、积极吸收专家建议的基础上，经过多次研讨、反复推敲，最后将其概括为"人本、公正、共富、民主、包容、和谐"。其中，"人本"就是以人为本；"公正"就是社会公正；"共富"就是共同富裕；"民主"就是人民民主；"包容"主要指文化上的包容，强调加强不同文明之间的平等交流与对话，努力维护世界文明多样性；"和谐"既包括人与自然的和谐，又包括人与人、人与社会以及人自身的和谐。

令我感到欣慰的是，何启刚同志以中国特色社会主义基本价值观念立论的博士学位论文得到了同行专家的充分肯定和好评，顺利通过了博士学位论文答辩。这再次表明，学术研究要解放思想、勇于探索、大胆创新，要注重对社会主义建设实践经验的总结，从丰富的实践经验中概括出有学理性、有原创性的新概念和新观点，为丰富和发展科学社会主义理论作出贡献。

2016年7月毕业后，何启刚同志应聘到石家庄铁道大学马克思主义学院工作。在学校特别是学院领导的指导和支持下，在各位同事的鼓励和帮助下，何启刚同志的综合能力得到大幅提升，特别是在站稳讲台、过好教学关的基础上，一直关注和研究社会主义核心价值观及相关问题。通过这几年的思考，他又对博士学位论文做了修改补充。作为他的博士学位论文指导老师，我非常高兴看到这一凝结着心血的著作出版。同时，也希望他以此为基础对中国特色社会主义基本价值观念进行更加持久深入的研究，争取出更多更高水平的研究成果，为新时代培育和践行社会主义核心价值观贡献自己的力量。

王怀超

2023 年 3 月 10 日于北京

目　录

引 言

一 选题依据

"中国特色社会主义基本价值观念研究"是一个具有重大现实意义和理论意义的课题。研究这一课题既是国内国际深刻变革的需要，也是进一步深化中国特色社会主义研究的重要着力点，具有深刻的现实依据和学理依据。

1. 现实依据

（1）从国内来看，随着党和国家的工作中心逐步转移至经济建设上来和改革开放的推进，特别是社会主义市场经济体制改革目标的确立，中国踏上了建设社会主义现代化国家的伟大征程，整个社会也因此处于前所未有的大调整、大变革、大转型时期。随着整个社会的现代转型，人们的价值观念必然也会发生相应的转变。一方面随着市场经济的发展，人们的主体意识日益凸显，价值诉求、价值取向和价值观念日趋多样化、多元化，这既使社会充满了活力又势必会对主流价值观念构成严峻挑战；另一方面随着市场经济的发展，与之相伴的竞争观念、利益观念和效率观念不断增强，这势必会与深植于中国人内心深处的传统价值观念发生激烈碰撞，引起人们内心价值观念的冲突。这就需要发挥主流价值观念的引领和整合作用。党的十八大以来，以习近平同志为核心的党中央吹响了全面深化改革的号角，我国改革进入攻坚期和深水区，需要我们以更大的政治勇气和智慧，不失时机深化重要领域改革。这不仅需要我们勇于突破传统思想观念的束缚，而且需要我们以主流价值观念为抓手凝聚价值共识，形成改革合力，为全面深化改革的顺利推进凝神聚气。

（2）从国际来看，随着我国对外开放的深入推进，一方面我们学习、引进了西方先进的科学技术和管理经验，推动了我国经济社会的快速发展；另一方面，西方的各种社会思潮、价值观念也趁机涌入。这既为我国文化的繁荣和发展提供了思想资源，同时也势必会对我国文化的健康发展构成挑战。这就需要发挥基本价值观念的主导作用，牢牢把握意识形态的领导权。同时，价值观念在国与国竞争中的地位日益凸显，部分西方国家相继推行"价值观"外交，这就需要我们凝聚既具本国特色又符合时代要求的主流价值观念，提高我国的文化软实力。此外，"长期以来，国内外有种错误认识，认为中国的成功国内靠摸着石头过河、国际上靠搭全球化便车，缺乏自身价值观，因而这种成功具有偶然性、不可持续性，由此滋生'中国威胁论'、'中国责任论'、'中国强硬论'等种种言论"[①]。这就需要我们用主流价值观念去消除国际社会对中国发展的种种疑虑和顾忌，为中国特色社会主义"正名"。正如新加坡《联合早报》的评论所言："中国外交既要务实，注重国家利益的物质层面，同时也要务虚，重视国家利益的价值观层面。"[②]

2. 学理依据

（1）中央重视。继党的十六届六中全会首次提出"建设社会主义核心价值体系"的重大任务后，党的十八大首次提出了"社会主义核心价值观"的概念，明确表示要"积极培育和践行社会主义核心价值观"。为深入贯彻落实党的十八大和十八届三中全会精神，积极培育和践行社会主义核心价值观，中共中央办公厅印发了《关于培育和践行社会主义核心价值观的意见》，中宣部组织编写了《培育和践行社会主义核心价值观》。习近平

---

① 王义桅：《中国公共外交的自信与自觉》，《红旗文稿》2015 年第 4 期。

② 转引自张涛华《社会主义核心价值观与中国软实力构建》，九州出版社，2018，第 151 页。

总书记在多次讲话中深刻论述了社会主义核心价值观的意义，并对社会主义核心价值观的凝练和构建提出了明确的要求。部分中央领导同志专门撰文对社会主义核心价值观的培育和践行作出部署。2014 年 2 月 24 日，中共中央政治局就培育和弘扬社会主义核心价值观、弘扬中华传统美德进行第十三次集体学习，习近平总书记强调要把培育和弘扬社会主义核心价值观作为凝魂聚气、强基固本的基础工程。① 2022 年 10 月 16 日，习近平总书记在党的二十大报告中更是明确提出了"广泛践行社会主义核心价值观"② 的重大任务。

（2）学术聚焦。自党的十六届六中全会提出"建设社会主义核心价值体系"的任务后，学术界围绕社会主义核心价值体系和社会主义核心价值观展开了广泛而深入的研究。从研究主体上来说，无论是政府官员、著名学者还是在校学生，都对社会主义核心价值观进行了不同程度、不同层次和不同方面的研究，产生了许多具有重要学术价值和广泛影响力的学术成果。从学术成果发表期刊的层次来说，无论是综合性期刊还是专业性期刊都包含在内。比如《中国社会科学》《求是》《红旗文稿》《人民日报》《光明日报》《政治学研究》等都刊登了大量研究社会主义核心价值观的文章，甚至包括《光明日报》在内的许多报刊专门开辟专栏刊登与社会主义核心价值观研究相关的文章，进一步推动了理论界对社会主义核心价值观的研究。此外，还有学会专门以"社会主义核心价值观"为主题邀请国内知名学者进行专题研讨。从学术界研究的内容来看，涉及了与社会主义核心价值观问题相关的诸多方面，包括社会主义核心价值观的凝练原则、具体表述、基本特征、实践路径、中西核心价值观比较研究、核心价值观的生成过程和功能等方面。2012 年，由《学术月刊》编辑部、《光明日报》理论部和中国人民大学书报资料中心组织，经过读者调查、学者推荐、专

---

① 《习近平关于社会主义文化建设论述摘编》，中央文献出版社，2017，第 107 页。

② 习近平：《高举中国特色社会主义伟大旗帜 为全面建设社会主义现代化国家而团结奋斗——在中国共产党第二十次全国代表大会上的报告》，人民出版社，2022，第 44 页。

家评议、投票确定等程序评选出来的"2011年度中国十大学术热点"活动中，"社会主义核心价值观的凝练"高居榜首。2015年，"社会主义核心价值观的培育与践行"荣居"2014年度中国十大学术热点"榜首。近年来，社会主义核心价值观一直是学术界关注和研究的焦点之一。

二 研究现状

党的十六届六中全会以来，学术界围绕概念、意义、凝练、路径等问题，对社会主义核心价值观展开了广泛而深入的研究，取得了许多具有较高学术价值的研究成果。下面将从学术研究概况、社会主义核心价值观凝练的原则、重大关系、具体表述、基本特征和建构路径等六个方面，对学术界的研究进展进行简要介绍。

1. 研究概况

"社会主义核心价值体系"特别是"社会主义核心价值观"提出后，学术界掀起了研究社会主义核心价值观的热潮，围绕社会主义核心价值观的凝练原则、具体表述、基本特征、生成过程、培育路径、社会功能以及中西核心价值观比较等内容产生了大量学术成果。通过知网和读秀检索可知，自2010年至今，共发表相关学术论文近20000篇，其中题名中包含"社会主义核心价值观"一词的硕博学位论文有1500多篇，其中博士学位论文80篇；相关著作近千部，代表性著作有吴向东的《重构现代性：当代社会主义价值观研究》（北京师范大学出版社，2006）、戴木才的《中国特色核心价值观的传统、现实与前景》（广西人民出版社，2011）、周溯源主编的《社会主义核心价值观概述语征文选集》（中国社会科学出版社，2012）、江畅的《社会主义核心价值理念研究》（北京师范大学出版社，2012）、李建华等的《社会主义核心价值观构建与践行研究》（人民出版社，2017）、韩震的《社会主义核心价值观的话语构建与传播》（中国人民大学出版社，2019）、吴潜涛和艾四林主编的《社会主义核心价值观研究前沿问题聚焦——社会主义核心价值观协同创新昆明峰会文萃》（人民出版社，2020）、谢安国的《大学生社会主义核心价值观认同研究》（中国社会科学出版社，2022）、李洁的《社会主义核心价值观融入高校思想政治理论课教学研究》（人民出版社，2022）等。

2. 凝练原则

核心价值观念的凝练成为学术界关注的焦点。凝练核心价值观必须坚持一定的原则，否则就无法对核心价值观念的具体表述形成共识。因此，提出科学、可行的凝练原则是社会主义核心价值观凝练的逻辑前提。学术界关于核心价值观念的凝练原则主要有以下几种观点。一是"实践为本"说。持这一观点的学者认为，社会主义核心价值观的凝练只能以中国现实和我们正在进行的中国特色社会主义伟大实践为根本依据。戴茂堂、江畅认为，重构中国价值观念的根据和基础不应当是某种既定的理论、原则，也不应当是中国的传统价值观念或外国的价值观念，而应当是与世界文明发展总趋势相一致、代表中国社会未来走向的中国现实。应当立足中国正在变化的现实，面向中国应当走向的未来，这是重构中国价值观念的应有取向。① 陶德麟认为，社会主义核心价值观要与中国优秀传统文化和人类文明优秀成果相承接，但必须以我们的现实需要和可能为坐标。② 持此观点的还有李德顺、郝立新、孙熙国、崔秋锁、刘进田等学者。二是"思想源流"说。持这一观点的学者主要是从马、中、西三种文化资源的视角来阐述社会主义核心价值观的凝练原则。冯平等认为构建当代中国社会的核心价值，需要建立与"复杂现代性"相应的思维方式，以中国传统文化、社会主义文化和现代西方文化三大传统为基础。③ 傅永聚认为社会主义核心价值观的构建应该以社会主义社会根本要求为引领，以中华优秀传统文

① 戴茂堂、江畅：《传统价值观念与当代中国》，湖北人民出版社，2001，第 361~366 页。
② 于娟、佘双好：《从文化建设的视角看社会主义核心价值观的培育和践行——访中国社会科学院马克思主义研究院顾问、武汉大学教授陶德麟》，《马克思主义研究》2014 年第 4 期。
③ 冯平等：《"复杂现代性"框架下的核心价值建构》，《中国社会科学》2013 年第 7 期。

化为根基，以世界文明中的先进部分为重要参考。[①] 田心铭认为中国社会主义核心价值观应该从中国的历史文化传统、马克思主义理论、中国共产党人的信念和社会主义的本质及观念中去追寻。[②] 袁银传等认为凝练社会主义核心价值观应坚持以辩证唯物主义和历史唯物主义为指导，综合考量马克思主义价值理想、中国传统核心价值观和当代西方核心价值观优秀思想和人民群众的现实诉求、表达习惯。[③] 韩震提出了凝练中国特色社会主义核心价值观的六条原则，相对而言更加注重核心价值观代表人类历史的发展方向和世界普遍意义。[④] 三是"综合创新"说。持这一观点的学者认为社会主义核心价值观的凝练应该坚持多重因素结合的原则。如王怀超认为社会主义核心价值观的基本原则是财产社会所有，一切权力属于人民，共同富裕，实现社会公正，集体主义，以人为本。[⑤] 王怀超认为，所谓社会主义核心价值观念，就是指在社会主义社会占主导地位的基本理念，就是指社会主义社会所应遵循的基本原则，是社会主义文化的基本内核，是社会主义社会区别于其他社会的基本价值观念。[⑥] 柯缇祖则认为社会主义核心价值观必须是体现社会主义制度性质的根本价值取向，必须是党和国家长期坚持并为民众耳熟能详的基本理念，必须是社会主义核心价值体系的基本内核，必须符合人类社会的发展趋势，同时必须具有明确的思想内容。[⑦] 张剑认为要遵循马克思主义有关社会主义价值追求的基本思想，要

---

① 傅永聚：《关于社会主义核心价值观文字表述的学理思考》，《齐鲁学刊》2014 年第 3 期。

② 田心铭：《中国社会主义核心价值观：以人为本，实事求是，独立自主》，《马克思主义研究》2011 年第 11 期。

③ 周溯源主编《社会主义核心价值观概述语征文选集》，中国社会科学出版社，2012，第 24~34 页。

④ 韩震：《"民主、公正、和谐"体现了社会主义的核心价值追求——兼论社会主义核心价值观的凝练及其原则》，《红旗文稿》2012 年第 6 期。

⑤ 王怀超：《社会主义、科学社会主义与中国特色社会主义》，《科学社会主义》2005 年第 2 期。

⑥ 王怀超：《关于中国特色社会主义理论几个基本问题的思考》，《科学社会主义》2012 年第 2 期。

⑦ 柯缇祖：《社会主义核心价值观研究》，《红旗文稿》2012 年第 2 期。

体现社会主义的本质，要突出中国共产党的执政理念，要反映我国优秀的文化传统和人类文明的进步成果，要最大限度地表达社会共识，要便于传播和记忆。①

3. 重大关系

核心价值观念的凝练和践行应坚持的重大关系，既是核心价值观念凝练原则的体现，也是核心价值观念内在本质的要求。张耀灿认为社会主义核心价值观的凝练应坚持理论与实践相统一、共性与个性相统一、继承与借鉴相统一、理想与现实相统一、先进与包容相统一、最高范畴与大众语言相统一六条科学原则。② 王学俭等认为社会主义核心价值观的凝练要坚持理论性与实践性相统一、历史性与现实性相呼应、继承性与创新性相结合、主导性与多元化相一致、人本性与政治性相支撑、整体性与层次性相结合的原则。③ 侯惠勤则认为，社会主义核心价值体系建设实践中分歧的焦点主要体现在：从价值内容上看，如何能够体现出社会主义特性和人类性的有机统一；从价值主体上看，如何能够体现出规范国家和规范公民的内在一致；从价值基础上看，如何能够体现出现实性和理想性的历史统一。④

4. 具体表述

从学术界对社会主义核心价值观的研究来看，学者研究的重点聚焦于社会主义核心价值观的具体表述。有学者以《马克思主义研究》《光明日报》《科学社会主义》《社会主义研究》等报纸、杂志中相关文章的表述为样本进行分析，发现关于社会主义核心价值观的表述共计 60 余种，涉及

---

① 曹建文：《凝练核心价值观是时代重大课题——专访教育部社科中心副主任张剑》，《光明日报》2011 年 2 月 25 日。

② 张耀灿：《关于社会主义核心价值观凝练问题的思考》，《重庆工商大学学报》（社会科学版）2013 年第 3 期。

③ 王学俭、李东坡：《培育和践行核心价值观的原则、路径和机制研究》，《中国特色社会主义研究》2014 年第 3 期。

④ 侯惠勤：《在社会主义核心价值观的概括上如何取得共识?》，《红旗文稿》2012 年第 8 期。

范畴70多个，经统计，涉及次数排名前十位的范畴依次为：公正、和谐、民主、人本、共富、文明、富强、自由、平等、互助。① 学术界关于核心价值观念的具体表述主要有以下几种。一是"单字"式。如陈剑的"仁义礼智信"② 等。二是"概念"式。如刘进田的"富裕、公正、民主、自由"③ 等。三是"四字"式。如田心铭的"以人为本、实事求是、独立自主"④ 等。

5. 基本特性

理论界关于社会主义核心价值观基本特征的观点主要有以下几种。一是"三特征"论。如戴木才认为社会主义核心价值观要具有统摄性、共识性和恒常性。⑤ 二是"四特征"论。如江畅认为当代中国价值观的突出特点是人民性、平等性、整体性和道德性。⑥ 三是"五特征"论。如陈秉公认为社会主义核心价值观应具有科学性、民族性、时代性、包容性和开放性。⑦

6. 建构路径

理论界关于社会主义核心价值观培育和践行的路径主要有以下几种观点。一是"主体"说。如叶小文认为践行社会主义核心价值观有三个关键，即形成"信仰—敬畏—自律（道德的自我规范）—他律（公德、法规约束）"的价值链条、形成"我为人人、人人为我"的社会风气和领导干

---

① 张智：《当代中国社会主义的价值自觉——社会主义核心价值观研究回顾与前瞻》，《教学与研究》2013 年第 10 期。

② 陈剑：《"仁义礼智信"应当成为社会主义核心价值体系基本内容》，《新视野》2011 年第 6 期。

③ 刘进田：《富裕、公正、民主、自由是社会主义核心价值观》，《中共浙江省委党校学报》2013 年第 1 期。

④ 田心铭：《中国社会主义核心价值观：以人为本，实事求是，独立自主》，《马克思主义研究》2011 年第 11 期。

⑤ 戴木才：《凝练核心价值观要站在人类价值共识的制高点》，《光明日报》2012 年 4 月 28 日。

⑥ 江畅：《论当代中国价值观构建》，《马克思主义与现实》2014 年第 4 期。

⑦ 陈秉公：《如何认识社会主义核心价值观与社会主义意识形态的关系?》，《光明日报》2011 年 2 月 25 日。

部率先垂范。① 二是"体制机制"说。如廖小平等认为社会主义核心价值体系主要有四大构建机制,即协商对话机制、接受认同机制、传播同化机制和制度保障机制。② 王学俭等认为要从促进经济社会新和谐、融入国民教育全过程、创设传播宣传新平台、创造实践活动新形式等方面推进核心价值观的培育和践行,同时要加强利益维护机制、制度保障机制、激励约束机制、示范引领机制等方面的建设。③ 周文彰认为践行核心价值观首先要求各级党委政府在制定各项政策制度时要体现核心价值观要求,其次要把核心价值观的要求融入经济政策和体制改革。同时还要建立和完善科学有效的诉求表达机制、矛盾调处机制、权益保障机制,完善社会激励机制,健全社会的惩戒机制,推动市民公约、村规民约、行业规范的建立和完善。④ 三是"载体"说。如范玉刚认为践行社会主义核心价值观的载体有国民教育体系载体、大众传媒载体、大众文化活动载体和以现实的人为载体等。⑤ 四是"认同"说。冯秀军等认为要使人们建立对社会主义核心价值观的认同就需要从思想路径和实践路径两方面入手。思想路径主要是指通过宣传、教育等方式在思想领域引导人们价值观念的确立或改变。实践路径最根本的在于建构有利于促进价值认同形成的现实利益机制。与思想路径相比,实践路径更具根本性和决定性。⑥ 2016 年以来,学术界关于社会主义核心价值观的研究主要集中于社会主义核心价值观的培育和践行方面。概括起来,主要有以下几个方面。一是融入家风家训。王易等认为挖掘传统家训与社会主义核心价值观相契合的德育内容有利于促进当今核

---

① 叶小文:《践行社会主义核心价值观的三个关键》,《时事报告》2014 年第 3 期。

② 廖小平、孙欢:《论构建社会主义核心价值体系的四大机制》,《教学与研究》2014 年第 8 期。

③ 王学俭、李东坡:《培育和践行核心价值观的原则、路径和机制研究》,《中国特色社会主义研究》2014 年第 3 期。

④ 周文彰:《核心价值观要内化于心外化于行》,《光明日报》2014 年 3 月 10 日。

⑤ 范玉刚:《践行社会主义核心价值观的原则、载体与路径研究》,《湖南社会科学》2013 年第 4 期。

⑥ 冯秀军、王淼:《培育和践行社会主义核心价值观的几个基本问题》,《教学与研究》2014 年第 8 期。

心价值观的培育，挖掘家训经验与落实社会主义核心价值观相契合的德育方法有利于促进社会主义核心价值观的践行。[①] 刘先春等认为可通过树立价值导向作用、丰厚文化积淀、营造浓厚文化氛围、创造有效实践载体等途径，把家训家风建设作为培育和涵养社会主义核心价值观的重要抓手和有效载体。[②] 二是融入乡贤文化建设。满昌学等认为以乡贤文化涵养农村社会主义核心价值观，是社会主义核心价值观在农村落地生根的有效方式之一。[③] 石琳琳认为可通过完善乡贤参与乡村治理平台、健全乡贤文化引领的乡村集体文化活动和扩大乡贤引进领域和选拔范围等路径去推动社会主义核心价值观落地农村。[④] 三是融入红色文化。张泰城等认为可通过强化红色资源教育培训、开展红色旅游、推进红色资源"三进"等方式来发挥红色资源在社会主义核心价值观培育方面的作用。[⑤] 李艳认为可通过打造红色精品课程、开展红色主题教育活动、建立红色教育实践基地等形式发挥红色文化资源在培育社会主义核心价值观中的作用。[⑥] 王宇等还对革命精神在社会主义核心价值观培育中的作用进行了探讨。[⑦] 四是融入大学教育。刘建军认为高校应从领导教师学习认同、规章制度建设、教师以身示范和开展宣教活动等四个方面落实社会主义核心价值观的培育和践行工作。[⑧] 陈延斌认为高校培育和弘扬社会主义核心价值观，不仅需要建构理念引

---

① 王易、安丽梅：《传统家训在培育和践行社会主义核心价值观中的作用探析》，《思想教育研究》2017年第8期。

② 刘先春、柳宝军：《家训家风：培育和涵养社会主义核心价值观的道德根基与有效载体》，《思想教育研究》2016年第1期。

③ 满昌学、陈松青：《以乡贤文化涵养农村社会主义核心价值观培育》，《学术论坛》2016年第11期。

④ 石琳琳：《以乡贤文化滋养农村社会主义核心价值观培育》，《学校党建与思想教育》2018年第6期。

⑤ 张泰城、常胜：《红色文化资源与社会主义核心价值观培育》，《求实》2016年第11期。

⑥ 李艳：《红色文化资源与大学生社会主义核心价值观培育》，《广西社会科学》2017年第10期。

⑦ 王宇、张澍军：《论革命精神对社会主义核心价值观培育的支持力》，《思想政治教育研究》2017年第5期。

⑧ 刘建军：《高校培育和践行社会主义核心价值观的四个步骤》，《思想理论教育》2016年第3期。

领、课堂灌输、社会实践习练、校园文化濡染、管理工作浸润和现代传播手段立体渗透等路径，同时还应建立健全复合工作体制、培育协同机制、考评督导与管理机制等保障机制。① 张蓓蓓认为应协同推动思政课程与课程思政、第一课堂与第二课堂、理论认知与实践养成、线下活动与网络引导来促进大学生对社会主义核心价值观的认知、认同和践行。② 五是强化文化认同。刘兴华认为可在培育载体创新、课程体系整合、培育效果落实等方面共同发力来推进大学生对社会主义核心价值观的进一步认同。③ 张宗峰等认为构建社会主义核心价值观文化认同机制需从实际问题出发，通过教育解读、舆论引导、体验感悟以及传统滋养等方式建立文化涵养心灵的机制。④ 王珺颖认为应注重激发国家荣誉感、优化道德情感氛围、发挥实践体验引导作用来增强对社会主义核心价值观的情感认同。⑤ 另外，还有学者从榜样教育⑥、志愿文化⑦、公益精神⑧等方面进行了探讨。

三 本书结构

1. 本书思路

本书由引言和正文四章构成。

① 陈延斌：《高校要坚持不懈培育和弘扬社会主义核心价值观》，《马克思主义与现实》2017年第3期。
② 张蓓蓓：《大学生社会主义核心价值观认同与培育探究》，《学校党建与思想教育》2020年第12期。
③ 刘兴华：《新时代大学生社会主义核心价值观认同培育探索》，《学校党建与思想教育》2021年第3期。
④ 张宗峰、焦娅敏：《社会主义核心价值观培育的文化认同机制探究》，《思想理论教育》2017年第1期。
⑤ 王珺颖：《社会主义核心价值观情感认同的培育路径》，《思想教育研究》2019年第12期。
⑥ 赵波、武瑾雯：《榜样教育在培育社会主义核心价值观中的作用》，《学校党建与思想教育》2020年第1期。
⑦ 张进、万芳坤：《社会主义核心价值观视域下的高校志愿文化培育研究》，《学校党建与思想教育》2020年第9期。
⑧ 李阳、韩颖：《社会主义核心价值观引领下的大学生公益精神培育机制研究》，《思想理论教育导刊》2016年第5期。

引言主要论述了选题依据、研究现状和本书结构等内容。

第一章是中国特色社会主义基本价值观念的本质意蕴。该章由四节构成。第一节主要阐述价值的本质及特性。通过系统梳理和分析中西价值哲学史中关于价值本质的观点，笔者认为价值是关系范畴而不是实体范畴，是实践范畴而不是观念范畴，价值的尺度是主体尺度而不是客体尺度。第二节主要揭示价值观念的本质内涵、内在结构和影响因素。通过分析、比较国内价值哲学界关于价值观念本质及其结构的观点，笔者认为价值观念是一定主体对实践中客观存在的价值关系和价值现象的主观反映，是主体关于客体价值的总观点和总看法，是一定社会主体所共有的、基于生存和发展的需要判断某类事物价值性质及大小的评价标准体系。第三节主要论述了核心价值观念、社会主义核心价值观念的本质。核心价值观念是体现社会制度本质特征的占主导地位的价值观念，社会主义核心价值观念是指所有社会主义国家都必须坚持并体现社会主义形态本质的基本理念。第四节主要论述中国特色社会主义基本价值观念的本质及影响因素。中国特色社会主义基本价值观念是指既体现社会主义本质要求又立足当代中国基本国情、既体现共产主义价值理想又反映民众现实利益诉求、既吸收人类文明有益成果又符合人类社会发展趋势的当代中国的主流价值观念，是社会主义核心价值观念在当代中国的具体体现和现实展开。影响中国特色社会主义基本价值观念形成的因素主要有社会主义文化、西方近现代文化、中国传统文化和当代中国社会现实。

第二章是中国特色社会主义基本价值观念的思想渊源。该章共有三节。第一节介绍马克思恩格斯关于未来社会的价值理想。首先介绍空想社会主义者关于未来社会的价值目标，然后介绍马克思恩格斯关于共产主义社会的价值理想。第二节介绍中华文化传统价值观念。首先介绍中华文化传统价值观念的主要概况，然后介绍中华文化传统价值观念的基本内容，最后指出中华文化传统价值观念的理论特征。第三节介绍西方文化近现代价值观念。首先介绍西方文化近现代价值观念的总体概况，然后介绍西方文化近现代价值观念的主要内容，最后概括西方文化近现代价值观念的基本特征。

第三章是中国特色社会主义基本价值观念的主要内容。该章由三节构成。第一节介绍中国特色社会主义基本价值观念的现实基础。价值观念作为主体判断客体价值性质及大小的标准体系，是对主体的客观需要、利益等内在尺度的反映，而主体的内在尺度从根本上来说是由该社会的发展状况决定的。因此，全面把握当代中国在经济、政治、文化、社会、生态等方面所取得的巨大成就和面临的重大挑战，是我们凝练中国特色社会主义基本价值观念的现实依据。第二节介绍社会主义核心价值观念的基本内容。社会主义核心价值观念是社会主义社会形态所必须坚守的基本理念，是社会主义制度同其他社会制度的本质区别所在，"人的自由全面发展""社会公正"是它的基本内容。第三节介绍中国特色社会主义基本价值观念的内容。中国特色社会主义基本价值观念是社会主义核心价值观念在当代中国的具体体现和展开，"人本、公正、共富、民主、包容、和谐"是其基本内容。

第四章是中国特色社会主义基本价值观念的重要意义。中国特色社会主义基本价值观念，体现社会主义制度本质要求又立足于当代中国基本国情，体现共产主义价值理想又反映民众现实利益诉求，吸收人类有益文明成果又符合人类社会发展趋势，因此，凝练中国特色社会主义基本价值观念，对当代中国具有重要意义。该章由三节构成。第一节认为中国特色社会主义基本价值观念为当代中国的社会主义现代化建设提供基本遵循。第二节认为中国特色社会主义基本价值观念为现阶段中国社会主义意识形态建设提供有力抓手。第三节认为中国特色社会主义基本价值观念有利于提高中国文化的软实力。

2. 理论与方法

（1）历史唯物主义。构建中国特色社会主义基本价值观念要以坚持马克思主义为前提。坚持马克思主义为前提，不仅要求我们继承马克思主义经典作家关于未来社会价值理想的合理因素，而且还要求我们在研究中国特色社会主义基本价值观念的过程中坚持马克思主义的基本方法特别是历史唯物主义。马克思主义认为，社会存在决定社会意识，社会意识对社会存在具有反作用。这一原理运用于社会基本矛盾的分析，就是生产力决定生产关系、经济基础决定上层建筑，生产关系对生产力、上层建筑对经济基础具有反作用。价值观念作为社会意识、作为思想上层建筑的内容，其形成必然受社会存在、经济基础的决定，同时一经形成又具有相对的独立性。因此，对中国特色社会主义基本价值观念的研究在坚持社会主义本质特性的前提下，首先应该立足中国现实，立足人民群众现实的利益诉求和价值取向，只有这样才有可能获得群众的认同，才能使价值观念内化于心外化于行。同时，已有的马克思主义价值理想、中华传统价值观念和西方文化价值观念也已作为一种观念性的社会存在而存在，具有相对的独立性。这就要求我们在凝练和建构中国特色社会主义基本价值观念的过程中必须积极吸取这三种资源的合理、有益成分。只有这样，我们凝练的核心价值观念才能实现社会主义性和人类性、理想性和现实性的有机统一。

（2）价值哲学。中国特色社会主义基本价值观念研究的直接理论基础应该是价值哲学理论或者价值论。价值观念虽然是社会意识的一种形式，但因其本质和功能的独特性成为一种特殊的社会意识。价值论主要涉及价值的本质、价值的主体与客体、价值类型、价值意识等内容。在马克思主义价值论中，价值是一种客观存在，是主客体之间价值关系的体现。价值观念属于价值意识的高级形式，是人们关于社会基本价值的信念、信仰和理想的系统，具有规范、引领、激励和整合等多种功能。只有深入价值哲学领域，我们才有可能在中国特色社会主义基本价值观念的凝练和具体表述上形成共识。

（3）文献研究法。在中国特色社会主义基本价值观念的研究过程中，主要的研究方法是文献研究法。通过阅读文献，对中国特色社会主义基本价值观念的思想渊源进行全面梳理，以至于对"马中西"的价值观念的合理因素及局限有一个总体的认识和了解；通过阅读文献对所凝练的中国特色社会主义基本价值观念的含义进行全面介绍和分析，使我们对某个基本价值观念内涵的演化历程和趋势有一个全面的了解，从而提出该基本价值观念在当代中国的内涵。

3. 创新与难点

本书可能的创新点有以下几个。

（1）观点创新。本书最大的创新，就是将当代中国主流价值观念称为"中国特色社会主义基本价值观念"，并将其内容概括为"人本、公正、共富、民主、包容、和谐"。在宣传上我们必须严格坚守以"三个倡导"为基本内容的"社会主义核心价值观"并务必取得实效，但这并不意味着在学理上不能对之进行更加深入的研究。将当代中国主流价值观念称为"中国特色社会主义基本价值观念"，原因主要有：第一，中国特色社会主义基本价值观念与社会主义核心价值观念在内容上是一致的，均指当代中国主流价值观念；第二，社会主义核心价值观念与当代中国主流价值观念是一般与特殊的关系；第三，"基本"在内涵上具有丰富性，包含的内容更广泛一些。我们认为，本来意义上的社会主义核心价值观念可概括为"人的自由全面发展""社会公正"，作为其在当代中国具体体现的中国特色社会主义基本价值观念可概括为"人本、公正、共富、民主、包容、和谐"。此外，本书还对价值、价值观、价值观念进行了区分。

（2）思路创新。现有研究成果存在两点不足：第一，重视价值观念具体表述的提出，忽视对价值观念在当代中国的本质意蕴的阐发；第二，重视价值观念的凝练和概括，忽视对当代中国价值观念研究意义的论述。因此，本书在研究的过程中，不仅对中国特色社会主义基本价值观念的思想渊源进行梳理和分析，而且从价值哲学的角度凝练中国特色社会主义基本价值观念。同时还对中国特色社会主义基本价值观念本质意蕴和研究意义进行论述。

本书的研究难点主要是该课题对研究者的理论素养和知识储备的要求

很高。当代中国价值观念研究，是一项具有重大理论和现实意义的课题，同时也是一项具有难以想象的理论深度和广度的艰巨任务。它不仅需要研究者对中国的现实国情和价值观念现状有深刻的了解，而且还要求研究者对"马中西"三种文化形态有较为深刻且全面的理解。我深知自己理论素养的欠缺和知识储备的不足，因此，本书也只是对当代中国主流价值观念的一种探索。

第一章 中国特色社会主义基本价值观念的本质意蕴

科学界定和准确使用基本范畴，是一切学术研究的逻辑起点，也是保证学术研究科学性、有效性的理论前提。培育与弘扬当代中国价值观念，必须准确把握价值的本质，科学界定价值观念、核心价值观念、社会主义核心价值观念等范畴的基本内涵。当代中国价值观念就是中国特色社会主义基本价值观念。

第一节 价值

价值是价值哲学的核心范畴，关于价值本质的争论贯穿中西价值哲学史。有的学者从主体特别是主体的主观方面去揭示价值的本质，有的学者从客体本身出发去揭示价值的本质。尽管这些观点为我们准确地理解价值的内涵提供了思想材料，但都未能科学地揭示出价值的本质。马克思主义者坚持辩证唯物主义和历史唯物主义，运用马克思主义实践观这把钥匙揭开了价值本质之谜。

一 价值的本质

实践是人类的存在方式，是人类产生、生存和发展的基础和条件。"一个很明显的而以前完全被人忽略的事实，即人们首先必须吃、喝、住、穿。"① 人类在吃、住、穿等方面的需要，有一部分自然界能够现成地满足，但是，绝大多数需要是自然界不能现成地满足的，需要人类通过改造自然界而获得满足。这些生产物质生活资料的活动就是实践。② 人们通过实践改造客观世界以满足自身某种需要的活动就是价值创造活动。因此，关于价值的本质，我们可以得出如下定义式的结论：价值是客体的存在、属性、关系及运动对主体生存和发展的意义。③ 凡是能够满足主体生存和发展需要的事物就是有价值的，反之，凡是不能满足主体生存和发展需要的事物就是无价值的。由此可得出以下几点结论。

1. 价值是关系范畴而不是实体范畴

价值是客体的存在、属性、关系及运动对主体生存和发展的意义，简言之，即客体对主体的意义。由此可知，价值是一个关系范畴。但在价值哲学史上，曾有部分人把价值视为实体范畴，认为价值是客体本身所固有的内在属性。综观中西价值哲学史，主要有"本体说""属性说""先验说"等三种代表性观点。

"本体说"认为客体本身（不特指客体的属性和功能）就是价值的源泉。英国哲学家摩尔虽认为价值是关系范畴，但又将价值区分为内在价值和外在价值，认为许多事物"就其本身而言是善的"④。美国哲学家罗尔斯顿认为自然界具有内在价值。他说："自然系统本身就是有价值的，因为它有能力展露（推动）一部完整而辉煌的自然史。"⑤ 我国有学者认为，"价值客体是价值的承担者，是每一个价值判断中之主词。当我们讲

① 《马克思恩格斯选集》第3卷，人民出版社，2012，第723页。
② 除了物质生活资料的生产，实践还包括改造社会的社会实践和科学实验。
③ 何启刚：《中国特色社会主义基本价值观念——关于当代中国主流价值观念称谓的几点思考》，《科学社会主义》2015年第5期。
④ 〔英〕乔治·爱德华·摩尔：《伦理学原理》，长河译，商务印书馆，1983，第28页。
⑤ 〔美〕霍尔姆斯·罗尔斯顿：《环境伦理学》，杨通进译，中国社会科学出版社，2000，第269页。

'有价值时'，总是在表征某种客体具有或不具有某种价值。所以，价值客体是价值之源"①。依据这种观点，客体既是价值的承担者，同时也是价值产生的源泉和价值判断的主词、依据。这是典型的客观主义观点。这种观点产生的原因主要有以下几个。其一，混淆了客体与价值关系两个范畴。价值关系是一种主客体相互作用关系，客体只是其中一个要素。准确地说，价值的承担者既不是主体也不是客体，而应该是主客体之间的价值关系。其二，价值判断是一定的主体依据一定的标准对客观存在的价值及价值关系的主观判断。因此，价值判断的主词只能是主体。其三，虽然我们在谈论价值时，通常表征某种客体具有或不具有某种价值，但这并不能说明客体就是价值的载体和价值的源泉。客体是否具有价值是相对于一定主体而言的，只是我们习惯上将这个主体省略而已。

"属性说"认为价值是客体本身所固有的某种属性。在我国价值哲学界，有学者认为："价值就是指客体的能够满足主体需要的功能或属性。"②还有学者认为，"价值就是存在于客体中能够满足主体欲求的'东西'"③。尽管这种观点在揭示价值本质时，将其与主体需要的满足结合起来，具有一定的合理性，然而从本质上看却将价值视为客体本身所具有的某种属性或功能，是从客体方面去寻找价值产生的依据和源泉。同"本体说"一样，"属性说"也是一种客观主义价值论。价值固然与客体、客体的属性和功能有关，但仅有客体的属性、功能并不能构成现实的价值关系，还必须将其同主体及其需要结合起来，价值只能存在于主客体相互作用的关系之中。

"先验说"认为价值是一种独立于物质世界和精神世界的超验性存在。这种观点的主要代表人物有李凯尔特、哈特曼。新康德主义者李凯尔特认

---

① 马志政等：《哲学价值论纲要》，杭州大学出版社，1991，第233页。
② 王玉樑主编《价值和价值观》，陕西师范大学出版社，1988，第163页。
③ 谭臻、胡寿鹤：《论价值》，《现代哲学》1990年第1期。

为："价值决不是现实，既不是物理的现实，也不是心理的现实"①，"它们往往在主体和客体之外形成一个完全独立的王国"②。德国哲学家哈特曼也持此观点。他认为："价值不仅独立于有价值的善物之外，而且实际上还是这些善物的先决条件"③，"伦理学所唯一关注的只是价值自身的先验性"④。此外，他还指出这种先验性价值应该是绝对的，"价值本身并不改变，它们的本性是超时间超历史的"⑤。从世界观的角度看，这种观点属于客观唯心主义观点，认为在现实世界之外还存在一个完全独立的价值王国，并且该王国具有超时间、超历史的特点。从价值论的角度看，这种观点属于客观主义价值论，认为价值来源于独立于物质、精神世界之外的另一个客观存在的先验世界。

尽管在中西价值哲学史上存在从实体角度揭示价值本质的观点，但是绝大多数人都是从关系的角度去揭示价值的本质。最早提出从关系角度理解价值的学者是19世纪末奥地利哲学家艾伦菲尔斯。他认为价值可以定义为主体和客体之间的关系，但它是一种以主体的欲求为基础的关系。他说："价值可定义为一种对象与主体对它欲求之间的关系——这种关系被语言错误地客观化了——如果对象的存在变得不能确定，这种关系仍会使他（主体）对它（对象）有欲求。"⑥ 日本学者牧口常三郎则明确指出："价值是关系概念而不是实体概念。"⑦ 他认为价值不是客体自身及其属性、

---

① 〔德〕H. 李凯尔特：《文化科学和自然科学》，涂纪亮译，商务印书馆，1986，第78页。
② 〔德〕H. 李凯尔特：《文化科学和自然科学》，涂纪亮译，商务印书馆，1986，"译者前言"第8页。
③ 转引自万俊人《现代西方伦理学史》下卷，北京大学出版社，1992，第67页。
④ 转引自万俊人《现代西方伦理学史》下卷，北京大学出版社，1992，第67页。
⑤ 转引自万俊人《现代西方伦理学史》下卷，北京大学出版社，1992，第67页。
⑥ 转引自〔阿根廷〕方迪启《价值是什么——价值学导论》，黄藿译，联经出版事业公司，1986，第34页。
⑦ 〔日〕牧口常三郎：《价值哲学》，马俊峰、江畅译，中国人民大学出版社，1989，第13页。

功能，"而是一个客体与人之间关系的概念"，"是客体与人之间的一种关系"。① 关于价值的本质，他说："价值就意谓着在客体与人的相互联系中正在起作用的'力'或'功能'的状态"②，"是同人类生活相关的客体的固有属性与评价它的主体相互作用时产生的功能"③。阿根廷哲学家方迪启也认为价值是一个关系范畴。他说："价值是一种关系的概念，就像婚姻一样。"④ 因此，我们应该从主客体关系的角度去理解价值的本质。

2. 价值是实践范畴而不是观念范畴

价值是主客体之间的关系范畴，这一点成为中西价值哲学史上绝大多数价值哲学研究者的共识。但是，这种价值关系是一种观念关系还是实践关系，研究者有不同的观点。在中西价值哲学史上，有一部分人把主客体之间的价值关系视为一种观念关系，提出"快乐说""欲求说""心灵说""赋予说"等。

所谓"快乐说"，就是指以客体能否给主体带来快乐作为评价客体价值有无及大小依据的观点，其主要代表有古希腊的昔勒尼学派和伊壁鸠鲁学派。昔勒尼学派的学说是一种快乐主义学说。在他们看来，人生的唯一目的就是快乐，快乐是人生最高的善。因此，快乐是衡量一切事物价值有无及大小的根本尺度。后来，伊壁鸠鲁学派进一步继承和发展了昔勒尼学派的快乐主义学说。伊壁鸠鲁认为快乐就是善，是人们一切行为的出发点和落脚点。他说："快乐就是有福的生活的开端与归宿"，"如果抽掉了嗜好的快乐，抽掉了爱情的快乐以及听觉与视觉的快乐，我就不知道我还怎

---

① 〔日〕牧口常三郎：《价值哲学》，马俊峰、江畅译，中国人民大学出版社，1989，第59页。

② 〔日〕牧口常三郎：《价值哲学》，马俊峰、江畅译，中国人民大学出版社，1989，第61页。

③ 〔日〕牧口常三郎：《价值哲学》，马俊峰、江畅译，中国人民大学出版社，1989，第20页。

④ 〔阿根廷〕方迪启：《价值是什么——价值学导论》，黄藿译，联经出版事业公司，1986，第118页。

么能够想象善"。① 心灵的快乐就是观赏肉体的快乐而不是痛苦，这是心灵快乐相对于肉体快乐的高明之处。他反对骄奢淫逸的生活，他说："当我靠面包和水而过活的时候，我的全身就洋溢着快乐；而且我轻视奢侈的快乐，不是因为它们本身的缘故，而是因为有种种的不便会随之而来。"② 因此，可以看出，伊壁鸠鲁同他那个时代的大部分哲学家一样，更倾向于一种以追求精神快乐为目的的恬静生活。

所谓"欲求说"，就是指一种以主体的欲求或者爱好、偏好作为衡量价值有无及大小尺度的观点，主要代表人物有霍布斯、斯宾诺莎、迈农、艾伦菲尔斯和培里等。英国哲学家霍布斯认为，事物的好坏、善恶、价值大小，不取决于事物本身，而是完全取决于它是否为人们所欲求。凡是人们欲求的事物，就是有价值的；凡是人们厌恶的事物，就是没有价值的。同时，人们对事物价值有无、大小的评价和判断，不是绝对的而是相对的，完全取决于主体的个人喜好。他说："无论一个人爱好或欲求什么东西，那个东西对他来说，就是好的（善）；凡是他痛恨或讨厌的东西，对他来说，便是坏的（恶）；凡是他轻视的东西，便是低贱不屑一顾的。"③由此可以看出，霍布斯关于价值的思想虽有部分合理性，但从本质上看完全是主观主义的观点。荷兰哲学家斯宾诺莎虽然在某些政治观点上与霍布斯存在差异，但在价值的本质和依据上却与霍布斯持相同观点。斯宾诺莎认为，价值不是事物的本性，而是人们基于某种事物对于增加或减少自身完满性的感觉而做出的判断。凡是能够带来快乐或满足某种欲望的事物就是善的，相反凡是给我们带来痛苦或不能满足某种欲望的事物就是恶的。在他看来，并不是因为某个事物好我们才希望并努力拥有它；恰恰相反，

---

① 〔英〕罗素：《西方哲学史》上卷，何兆武、李约瑟译，商务印书馆，1963，第312页。

② 〔英〕罗素：《西方哲学史》上卷，何兆武、李约瑟译，商务印书馆，1963，第309～310页。

③ 转引自〔阿根廷〕方迪启《价值是什么——价值学导论》，黄藿译，联经出版事业公司，1986，第27页。

我们之所以认为某个事物好，那是因为它被我们所希冀和追求。同时，他与伊壁鸠鲁一样，推崇并极力追求精神上的幸福，极力贬斥对物质利益的放纵，认为真正的幸福、最高的幸福就是精神幸福。奥地利哲学家迈农的价值思想深受其老师布伦坦诺的影响。德国哲学家布伦坦诺认为，人们只有通过爱、恨等情感体验才能把握价值。因受老师影响，迈农认为："凡是一个东西使我们喜欢，而且只要到使我们喜欢的程度，它便是有价值的。"① 后来，迈农关于价值本质的观点在其晚期著作中发生了转变，认为价值不能脱离客体和客观事物而独立存在，相反只能以其为前提条件。和迈农同为布伦坦诺学生的艾伦菲尔斯也主张从欲求中去寻找价值的基础。美国新实在论者培里也认为一个事物是否有价值完全取决于它是否为人们所意愿着。他说："事物是由于它们被意愿着而产生价值的，而它们愈被意愿着，就愈具有价值。"②

所谓"心灵说"，就是指认为事物之所以具有价值完全是因为人类心灵的作用的观点。这一观点的主要代表人物是美国哲学家詹姆士和德国哲学家文德尔班。美国实用主义哲学家詹姆士曾说："我们周围的世界似乎具有的那些价值、兴趣或意义，纯粹是观察者的心灵送给世界的礼物。"③詹姆士认为宇宙中的任何事物从其自身来说并不能单独构成价值，更不存在价值有无、价值大小问题，这是正确的，但他认为价值是"心灵送给世界的礼物"，这种观点则带有明显的主观主义色彩。与詹姆士类似，将价值与心灵联系起来考虑的还有德国新康德主义者文德尔班。文德尔班是新康德主义弗赖堡学派的创始人，主要关注康德的价值思想。关于价值的本质，文德尔班认为："价值（不论是肯定方面或否定方面）决不能作为对

---

① 〔阿根廷〕方迪启：《价值是什么——价值学导论》，黄藿译，联经出版事业公司，1986，第31页。

② 〔美〕拉·巴·培里：《现代哲学倾向》，傅统先译，商务印书馆，1962，第324页。

③ 转引自〔美〕霍尔姆斯·罗尔斯顿《环境伦理学》，杨通进译，中国社会科学出版社，2000，第151页。

象本身的特性，它是相对于一个估价的心灵而言。"① 他认为，现实世界由包含"主体世界"的"第一世界"和包含"客体世界"的"第二世界"两部分组成，二者统称为"事实世界"。而事实世界都与价值有关，因此，他认为在事实世界之外还有另外一个世界即由"自在之物"组成的"价值世界"。他认为"事实世界"属于主体的表象，"价值世界"是主体的公设。因此，文德尔班的价值论不仅属于主观主义价值论，而且带有明显的先验主义色彩。

所谓"赋予说"，是一种认为价值不是客体本身所具有的内在属性，而是主体赋予客体的产物的观点。这一观点的主要代表人物是尼采和维特根斯坦。德国哲学家尼采认为，人是价值的创造者和赋予者。他说："本质没有价值，但却一度被赋予和赠予价值，我们就是这赋予者和赠与者。"② 为了反对基督教在价值观念领域的统治，尼采提出了"重估一切价值"的口号，而价值标准就是生命本身。他说："当我们谈论价值，我们是在生命的鼓舞之下，在生命的光学之下谈论的：生命本身迫使我们建立价值；当我们建立价值，生命本身通过我们评价。"③ 英国哲学家维特根斯坦也认为价值是人类赋予的结果。维特根斯坦是英国哲学家罗素的学生。罗素认为价值是人们情感表达的结果。他说："关于'价值'的问题完全是在知识的范围以外。那就是说，当我们断言这个或那个具有'价值'时，我们是在表达我们自己的感情，而不是在表达一个即使我们个人的感情各不相同但却仍然是可靠的事实。"④ 他认为，如果人们对于某个事物的价值的评判存在分歧，那么原因就在于人们的关注点不同。关于价值的本质，维特根斯坦说："人类的凝视具有一种力量，它赋予事物以价值，但

---

① 转引自刘放桐等编著《现代西方哲学》上册，人民出版社，1990，第143页。

② 转引自赵敦华《现代西方哲学新编》，北京大学出版社，2001，第17页。

③ 〔德〕弗里德里希·威廉·尼采：《尼采生存哲学》，杨恒达等译，九州出版社，2003，第94页。

④ 〔英〕伯特兰·罗素：《宗教与科学》，徐奕春、林国夫译，商务印书馆，1982，第123页。

也提高它们的价格。"①

无论是"快乐说""欲求说"，还是"心灵说""赋予说"，它们所体现的价值关系实质上都是一种思想关系、观念关系。马克思主义认为，价值关系不是一种思想关系，而是以主客体相互作用为基础的实践关系。主客体相互作用既包括主体客体化的过程，也包括客体主体化的过程。所谓"主体客体化"，就是指主体通过一定的形式认识客体并受客体制约的过程。所谓"客体主体化"，就是指主体依据自身的需要、能力和对客体的认识改造客体、使客体为自己服务的过程。价值虽要以主体客体化过程为基础，但它产生于客体主体化过程之中。

3. 价值尺度是主体尺度而不是客体尺度

价值尺度是指判断客体对主体价值的性质及大小的依据。如前所述，价值是客体的属性、运动及关系对主体生存和发展需要的满足。具有一定属性、功能的客体本身无所谓价值，只有当客体的属性、功能满足了主体的一定需要后才产生价值。由此可见，判断客体价值有无或大小的依据只能是主体生存和发展的需要，只能是主体的内在尺度。

从客体满足主体需要的角度去揭示价值的本质，最早可以追溯到美国哲学家詹姆士。他曾说："善的本质，简单说来就是满足需要。"② 但他又认为价值是心灵送给世界的礼物，这带有明显的主观色彩。美国哲学家培里也认为客体只要满足了主体的某种需要或者兴趣便具有了价值。他在 1926年出版的《一般价值论》一书中这样说道："寂静的沙漠没有价值，直到某些跋涉者发现了它的孤寂和可怕；大瀑布，直到某些爱好者发现了它的伟大，或者它被利用来满足人的需要时，才具有价值。自然界的事物……直到人们发现了它们的用途时才有价值；而且，它们的价值，根据人对它们需要的程度，可以提高到相应的高度……任何客体，无论它是什么，只有当

---

① 〔奥地利〕路德维希·维特根斯坦：《文化与价值》，冯·赖特、海基·尼曼编，许志强译，浙江文艺出版社，2002，第 7 页。
② 转引自张岱年《论价值的层次》，《中国社会科学》1990 年第 3 期。

它满足了人们的某种兴趣（不管这种兴趣是什么）时，才获得了价值。"①
但他所说的"需要"并不是马克思主义理论中具有客观性的"需要"，而
是类似于"欲求"的主观需要。因此，培里的观点本质上也是一种主观价
值论。在价值哲学刚进入中国时，我国大部分学者也是从需要满足的角度
去理解价值。李德顺认为价值是指"客体的存在、作用以及它们的变化对
于一定主体需要及其发展的某种适合、接近或一致"②。张岱年认为："所
谓价值，就是客体能够满足主体的一定需要。"③ 王玉樑最初也认为价值是
客体的属性、功能对主体需要的满足。④ 高清海认为："人和物之间的这种
需要和满足的对应关系，就是价值关系。"⑤ 李连科和杜齐才都认为价值是
客体或客体属性同主体需要之间的肯定或否定关系。⑥ 但是，这里需注意
的是，中国哲学界所持的"需要满足论"不同于西方价值哲学界的观点，
它是建立在主客体相互作用的基础上的，并且这里的"需要"是客观
需要。

与此同时，中西价值哲学界也有许多学者对"需要满足论"提出了质
疑。西方价值哲学界的代表人物有杜威、舍勒和罗尔斯。美国实用主义哲
学家杜威认为价值并不是现实中稀有的或人们所喜欢的节日所独有的特
性，他说："我们不能把任何享受的东西都当作价值，以避免超验绝对主
义的缺点，而必须用作为智慧行动后果的享受来界说价值。"⑦ 也就是说，
不是能满足人们需要的所有事物都具有价值，只有那些被主体理性选择的
事物才具有价值。德国哲学家舍勒也反对需要满足论。在他看来，价值独

---

① 转引自〔美〕霍尔姆斯·罗尔斯顿《环境伦理学》，杨通进译，中国社会科学出版社，
2000，第 150~151 页。
② 李德顺：《价值论：一种主体性的研究》，中国人民大学出版社，1987，第 13 页。
③ 张岱年：《论价值的层次》，《中国社会科学》1990 年第 3 期。
④ 王玉樑：《价值哲学》，陕西人民出版社，1989，第 93 页。
⑤ 高清海主编《马克思主义哲学基础》下册，人民出版社，1987，第 51 页。
⑥ 李连科：《价值哲学引论》，商务印书馆，1999，第 70 页；杜齐才：《价值与价值观念》，
广东人民出版社，1987，第 9 页。
⑦ 周辅成编《西方伦理学名著选辑》下卷，商务印书馆，1987，第 701 页。

立于人的心理和生理，不受主体的任何影响，具有客观独立性。但人们对价值的认识则是通过以爱和恨等为媒介的情绪显现出来的。美国哲学家罗尔斯也反对功利主义关于价值是需要的满足的观点。他说："按功利主义观点，任何欲望的满足本身都具有某种价值，必须在决定什么是正当时加以考虑。在计算满足的最大余额时这些欲望是什么样的欲望并不重要（除了具有间接的重要性以外）。"① 在罗尔斯看来，能满足人们欲望的事物并不都是有价值的，只有那些满足人们合理即正当的欲望的事物才是有价值的。中国学术界持此观点的代表人物是王玉樑和李德顺。如前所述，王玉樑最初也持"需要满足论"的观点，但后来他不仅放弃了原有的观点，而且还对此观点进行了批判。他认为"价值的本质在于能够使主体发展完善，从根本上说在于能够使社会主体发展完善，使人类社会更加美好"②。因此，价值必定是善的。在他看来，"需要满足论"与关于价值本质的定义相矛盾。需要并非天然合理并有主客观之分，以能否满足需要来界定价值仍是一种早已为西方所摒弃的主观价值论。③ 李德顺虽未放弃原来的观点，但也对原来的观点进行了修正。他认为价值"是客体的存在、属性和变化对于主体人的意义"，是"客体的存在、属性和合乎规律的变化与主体尺度相一致、相符合或相接近的性质和程度"④。

为了克服"需要满足论"的缺陷，学者们又从客体对主体的意义的角度去理解价值的本质。"意义说"在西方价值哲学界的主要代表人物是李凯尔特。李凯尔特是德国新康德主义弗赖堡学派的代表人物。他首先肯定价值是主客体相互作用的产物。他认为"价值（wert）是文化对象所固有

① 〔美〕约翰·罗尔斯：《正义论》，何怀宏、何包钢、廖申白译，中国社会科学出版社，2009，第 24 页。
② 王玉樑：《21 世纪价值哲学：从自发到自觉》，人民出版社，2006，序言第 1 页。
③ 王玉樑：《21 世纪价值哲学：从自发到自觉》，人民出版社，2006，导言第 2~3 页。
④ 李德顺：《价值论：一种主体性的研究》，中国人民大学出版社，2013，第 6、53 页。

的，……自然现象不能成为财富"①，只有经过人类实践活动改造过的人化自然才具有价值。关于价值的本质，他说："关于价值，我们不能说它们实际上存在着或不存在，而只能说它们是有意义的，还是无意义的。"② 但他又认为价值绝不是现实，它存在于主体与客体之外的独立王国中。这种观点带有明显的客观唯心主义倾向。"意义说"在中国哲学界的主要代表是袁贵仁。袁贵仁认为价值"可以理解为客体对于主体所具有的意义"③，但他又认为，虽然价值是一种意义关系，但意义和价值不能完全等同。价值关系是意义关系，但意义关系不一定是价值关系。首先，"意义"一词有多种含义，除效用、作用外，还可指含义等。其次，广义上的"意义"的主词可以是宇宙中的任何事物，而作为价值的意义的主词则只能是人。因此，他认为："价值是客体对主体的意义，也就是客体对主体的作用、效用。"④ 同时他还对效用和功能进行了区别，认为作为价值的效用是客体与主体之间的关系范畴，而功能是事物本身所固有的属性。李德顺也认为价值是客体对主体的意义，但他说的"意义"具体是指"客体的存在、属性和合乎规律的变化与主体尺度相一致、相符合或相接近的性质和程度"⑤。对于"意义说"，也有学者提出质疑。如有学者认为，用"意义"界定价值简明且易理解。如果将作为价值定义的"意义"理解为客体对主体的作用和影响，则能够较为准确地揭示价值的本质。但也存在一些不足，如同语反复、易产生歧义和否定价值客观性等。

总之，价值作为客体的属性、运动及关系对满足主体生存和发展需要的意义，是一个关系范畴而不是实体范畴，是一个以主客体相互作用为基础的实践范畴而不是一个以主体赋予客体为实质的观念范畴。判断某一客

---

① 〔德〕H. 李凯尔特：《李凯尔特的历史哲学》，涂纪亮译，北京大学出版社，2007，第30页。
② 〔德〕H. 李凯尔特：《文化科学和自然科学》，涂纪亮译，商务印书馆，1986，第21页。
③ 袁贵仁：《价值学引论》，北京师范大学出版社，1991，第47页。
④ 袁贵仁：《价值学引论》，北京师范大学出版社，1991，第49页。
⑤ 李德顺：《价值论：一种主体性的研究》，中国人民大学出版社，2013，第53页。

体价值性质及大小的依据只能是主体的内在尺度即主体生存和发展的需要，特别是体现最广大人民群众根本利益、符合人类社会发展方向的需要。

二　价值的特性

价值是客体的属性、功能、运动及关系对主体生存和发展需要的效用或意义，是客体主体化过程的产物。衡量价值有无及大小的依据是主体生存和发展的需要。这些决定了价值具有客观性、主体性和历史性。

1. 客观性

价值是否具有客观性，这与人们对价值本质的理解密切相关。如果把价值关系理解为一种思想关系，那么人们一定认为价值是主观的；如果把价值理解为客体本身所固有的内在属性，那么人们一定认为价值是客观的。但是这种观点不是从主客体关系的角度去理解价值的本质，这是它的不足之处。马克思主义认为，价值是以主客体相互作用为基础的实践范畴，是客体的属性、运动及关系对满足主体生存和发展需要的意义，这是马克思主义关于价值特性的核心观点。以实践为基础的价值关系及价值是客观的，原因主要有以下几点。第一，价值尺度是客观的。衡量客体价值性质及大小的尺度是主体的内在尺度，即主体生存和发展的需要。马克思主义认为，主体生存和发展的需要"产生于主体自身的结构规定性和主体同周围世界的不可分割的联系，是人的生存发展对外部世界及自身活动依赖性的表现"[①]。从内容上看，需要包括物质需要和精神需要。物质需要是指人在衣食住行等生存方面的需要，其客观性是显而易见的。精神需要是指人对文化知识、荣誉等的需要。精神需要源于人们的生产和生活，源于一定的社会关系，因此也是客观的。同时，人们的需要会随着社会的发展而不断发展，具有自身内在的发展规律。由此可见，作为衡量客体价值有

----

① 李德顺：《价值论：一种主体性的研究》，中国人民大学出版社，2013，第44页。

无及大小依据的主体需要是客观的。第二，客体及其属性、功能、运动规律等是客观的。不论是自然客体还是社会客体，不论是物质客体还是精神客体，它们所具有的功能和属性等都是客观的，具有不以人的意志为转移的特点。第三，价值创造的过程和结果是客观的。价值创造是主体利用一定媒介作用于客体以满足自身需要的过程，是一种实践过程。同时，客体是否满足了主体的某种需要也是客观的。比如，一个人喝了一杯水后达到了解渴的目的，这个结果就是客观的，不管人们承认与否。因此，价值是客观的。正如英国哲学家波普尔所说："可以猜想一个事物、一个思想、一个理论或一个观点，有助于解决一个问题，或者是问题的一种解决办法，它在客观上是有价值的，不管它的价值是否被努力解决那个问题的那些人有意识地作出了正确评价。"①

2. 主体性

价值的主体性取决于主体及其需要的多样性。尽管价值是一个以实践为基础的关系范畴，但是判断客体价值性质及大小的依据是主体生存和发展的需要。依据不同的标准，需要可以划分为不同的类型。依据主体的不同，可划分为个人需要、群体需要、社会需要、民族需要和人类需要；依据领域的不同，可划分为经济需要、政治需要、文化需要等。不同的主体有不同的需要，这就使得同一客体对不同的主体来说具有不同的价值；同一主体有不同方面的需要，同一客体具有多方面的功能和属性，这就使得同一客体可能对同一主体具有不同方面的价值。价值的这种特征就是价值的主体性。但需要注意的是，价值具有主体性并不意味着价值具有主观性，主体性和主观性是两个不同性质的概念。说价值具有主体性，那就意味着某一客体是否具有价值以及价值的大小完全取决于它能否满足主体的需要以及满足需要的程度，价值的性质及大小依据主体及其需要的不同而不同。如果说价值具有主观性，那就意味着某一客体是否具有价值、具有

---

① 〔英〕卡尔·波普尔：《无穷的探索——思想自传》，邱仁宗、段娟译，福建人民出版社，1983，第 205 页。

何种价值以及价值的大小以人的主观意志为转移。这显然同价值的客观性相违背。因此，价值具有主体性但不具有主观性。

3. 历史性

价值以主客体相互作用为基础，是客体主体化的产物，表现为客体对主体的意义。除了客观性、主体性等特性之外，价值还具有历史性。具体原因如下。第一，主体的需要具有历史性。主体的需要是由主体的生存状态决定的，随着主体生存状态的变化，主体的需要也会发生变化。在不同的历史时期，主体有不同的需要。同时，已经获得满足的某种需要本身又会引起主体新的需要。"已经得到满足的第一个需要本身、满足需要的活动和已经获得的为满足需要而用的工具又引起新的需要。"[①] 这些表明，主体的需要具有历史性。第二，客体的属性、功能具有历史性。尽管客体本身具有客观性，但是随着实践活动广度、深度的不断拓展和深化，人类对客体及其属性、功能的认识会不断增多和加深。这样一来，客体对人类的价值就会不断增加。第三，实践活动具有历史性。随着主体实践能力的不断提高，主客体之间潜在的价值关系可以转化为现实的价值关系，原有的价值关系可能为新的价值关系所取代。

要科学地理解价值的本质，还需正确地理解与价值相关的几个概念。首先，应区分价值和价值关系。价值关系表示的是主体和客体之间的效用关系，而价值则是价值关系的内容和实质。苏联哲学家瓦维林等认为："价值，如同评价一样，是价值关系的因素。在价值关系外，无所谓价值。……价值的质总是要在完全确定的关系之中才能实现。"[②] 李德顺也对价值和价值关系进行了区分。他说："'价值关系'和'价值'概念，是对主客体之间特定关系内容的概括：价值关系，是一种以主体尺度为尺度的主客体关

---

① 《马克思恩格斯选集》第 1 卷，人民出版社，2012，第 159 页。

② 〔苏〕E. A. 瓦维林、B. Π. 弗法诺夫：《历史唯物主义与文化范畴》，雷永生、邱守娟译，河北人民出版社，1987，第 108 页。

系；价值，则是指这种关系所特有的质态，即客体对主体的意义。"① 其次，要区分价值与事实。价值是一个关系范畴，事实是一个实体范畴；价值表示应然状态，事实则表示实然状态；价值离不开主体因素的影响，事实则不以主体的意志为转移。英国哲学家休谟最早从理论上对"事实"与"价值"进行了区分。他在《人性论》一书中明确提出区分"是"与"应该"。在他看来，"是"与"不是"是科学的研究对象，而"应该"与"不应该"则是道德的研究对象。混淆事实与价值，就会推翻一切通俗的伦理学体系。德国哲学家文德尔班也提出要区分价值与事实，他说："必须区分应当与存在，价值与实在。规范与实在如果合一，则一切价值将终止，无论是价值的肯定或否定的特性均以这种区分为前提条件。"② 摩尔也曾提出应区分价值与事实。他说："我们有理由说，某一事物在某些情况下，比在其他一些情况下实存，更大大值得想望；也就是说，其他事物将以对它发生这样一种关系而实存，以致构成一个价值较大的整体。"③ 最后，应区分价值与劳动。有学者认为，"哲学'价值'凝结着主体改造客体的一切付出"，"哲学的'价值'（普遍价值）是客体包含的主体的劳动、创造和贡献"。④ 这种观点是将经济学意义上的商品价值等同于哲学意义上的普遍价值，混淆了特殊与一般。同时劳动是主客体相互作用的中介，在价值实现的过程中发挥了重要作用，但是劳动本身不能等同于价值。

第二节　价值观念

　　价值是价值哲学的核心范畴，价值观念则是价值观念研究的核心范

---

① 李德顺：《价值论：一种主体性的研究》，中国人民大学出版社，2013，第53页。
② 转引自杜任之主编《现代西方著名哲学家述评（续集）》，生活·读书·新知三联书店，1983，第38页。
③ 〔英〕乔治·爱德华·摩尔：《伦理学原理》，长河译，商务印书馆，1983，第36页。
④ 赵守运、邵希梅：《必须重新界定哲学的"价值"范畴》，《中国人民大学学报》1991年第5期。

畴。科学理解价值观念的本质内涵，全面把握价值观念的内在结构，系统分析影响价值观念形成的各种因素，是当代中国价值观念研究的逻辑前提和理论基础。

一 价值观念的本质内涵

准确把握价值观念，需要首先正确把握价值意识与非价值意识的关系。价值意识是主体对主客体价值关系的主观反映，非价值意识则是主体对客体本身状况的主观反映，二者存在诸多方面的差异。

首先，反映对象不同。价值意识以价值为对象，非价值意识以事实为对象。从广义上说，无论是作为价值意识对象的价值，还是作为科学认识对象的事实，都属于事实的范围。"事实"强调的是事物的客观实在性，即无论是否为人们所承认、是否为人们所意识到，它都作为一种独立于人的主观意识之外的事物而存在着。与作为科学认识对象的事实一样，价值及价值关系都具有客观实在性，因而也属于"事实"，只是作为价值关系结果的价值事实具有自身的特殊性而已。这种特殊性源于价值的主体性。价值是客体的属性、运动及关系对主体生存和发展的意义。判断某一客体价值有无及其大小的依据是主体的需要等内在尺度，这样就势必会出现这样一种情形，即对不同的主体来说，同一客体具有不同的价值。这就会给人们这样一种印象，即价值是主观的。究其原因，主要在于人们未准确把握"存在"范畴。关于"存在"的根本属性是客观实在性，人们的认识是一致的，但人们往往将"存在"与客体特别是自然客体等同起来，认为只有自然客体才具有客观实在性，从而犯了"自然主义"的错误。所谓客观实在性，是指事物具有不以人的意识为转移的特征，这种特性不仅为客体、自然客体所具有，而且也为主体所具有。无论是主体的存在、需要、内在结构等都具有不以人的主观意志为转移的特点，都有其产生、发展的客观依据和内在规律。同样，作为价值关系及其结果的价值事实最终通过其对主体存在和发展的影响而表现出来，它也具有客观性。我们不能因为价值关系中包含有主体及其内在尺度，就认为价值事实是主观的。价值事实不同于科学事实的根源，在于价值的主体性。因此，我们可以说科学事实是一种客体性事实，价值事实是一种主体性事实即"通过主体本身的存在和变化而表现出来的事实"①。

其次，活动方式不同。非价值意识的最终目的是要形成关于客体的科学认识。虽然在认识活动中，主体的状况或多或少地会对认识过程产生影响，但从本质上来说，非价值意识是排斥主体对认识活动的影响的，注重对客体本身状况作出实事求是的描述。因此，非价值意识以事实描述即认知为主要活动方式。由于价值是以主体的内在尺度为依据，因此作为对主体性事实反映的价值意识不仅不排斥主体的因素，而且还以主体的内在尺度为依据。从本质上来说，价值意识是主体依据一定的标准对客体价值的性质及大小作出反映和判断，是主体内在尺度的体现，表示主体的一种态度和倾向性。尽管主体对客体属性、功能和规律的认识以及主体对自身内在尺度的认识是价值意识活动的前提，但价值意识的落脚点不是事实描述，而是主体依据一定的标准对主客体之间价值关系的性质及大小作出合理的判断。因此，价值意识以价值判断即评价为主要活动方式。

再次，活动方向不同。价值意识作为对主体性事实的反映和一种价值判断活动，本质上是以主体的内在尺度为标准对客体价值的性质及大小作出合理有效的判断，它是一种客体趋向于主体的活动，强调的是客观符合主观。非价值意识作为对客体性事实的反映和一种事实描述活动，本质上以客体尺度为标准对客体的存在、运动及其规律作出实事求是的反映，它是一种主体趋向于客体的活动，强调的是主观符合客观。

最后，检验维度不同。非价值意识作为一种事实描述活动，强调的是主观符合客观即真理性。真理性要求主体对客体的认识符合客体的实际，因此，非价值意识的真理性是一维的，对同一对象的认识不可能存在多种

---

① 李德顺：《价值论：一种主体性的研究》，中国人民大学出版社，2013，第165页。

真理。价值意识作为一种价值评价活动，由于不同的主体有不同的需要、不同的客体有不同的属性，因此，对某一客体价值性质及大小的评价就可能是多元的。因此，价值意识不能从真理性的维度去检测，而只能从合理性的维度去检测。所谓合理性，就是只要主体所作的评价和判断言之有据，符合主体和客体的实际情况，那么这个价值判断就是有效的。

依据精神活动的逻辑层次，价值意识可分为价值心理和价值观念两种类型。价值心理是价值意识的低级形式，是指处在个体心理等非理性层次的价值意识，大多数情况下以个体的肉体需要和实际生活状况为反映对象，主要包括欲望、兴趣、情感、情绪、意志等基本形式。价值意识是主体对客观存在的价值及价值关系的主观反映，主体的需要是其形成和发展的客观依据。主体的客观需要向价值心理"想要"的转化形式有多种，欲望是其最初形式。欲望是个人现实需要的直接表现形式，是主体生理生存需要最直观的体现，通常具有自发性、现实性、即时性和非理性等特点。兴趣是价值心理的第二种形式。它是个体对某个客体的欲望长期积淀的结果，体现了主体较为稳定的心理倾向性。兴趣虽然比欲望具有更多的理性和自由成分，但仍未摆脱自发性、直观性和随意性等特征。情绪、情感是价值心理的第三种形式。情绪和情感都是主体对周围客观世界及自身的态度体验，区别主要在于反映对象不同。情绪的反映对象是主体的生理需要，侧重于态度体验的表现形式，如快乐、痛苦、高兴、愤怒、恐惧等，通常具有情境性、强烈性和即时性等特点。情感的反映对象是主体的社会需要，更加侧重态度体验的内容方面，如荣辱感、集体感、责任感、逻辑感等，通常具有稳定性和深刻性。虽然情绪和情感与欲望、兴趣一样，本质上都属于心理水平的价值意识形式，但与欲望、兴趣相比，情绪和情感更具外在性、综合性并更富理性。意志是价值心理的最高形式，是"人自觉地确定目的并支配其行动以实现预定目的的心理过程"[1]。人与动物的区

---

① 曹日昌主编《普通心理学》下册，人民教育出版社，1979，第77页。

别之一就在于人的活动是有计划、有目的的，而动物的活动只是本能的活动。马克思曾说："蜘蛛的活动与织工的活动相似，蜜蜂建筑蜂房的本领使人间的许多建筑师感到惭愧。但是，最蹩脚的建筑师从一开始就比最灵巧的蜜蜂高明的地方，是他在用蜂蜡建筑蜂房以前，已经在自己的头脑中把它建成了。劳动过程结束时得到的结果，在这个过程开始时就已经在劳动者的表象中存在着，即已经观念地存在着。"① 人不仅能意识到自己的目的并根据目的制定科学、详细的行动计划，还可以根据条件和环境的变化对之进行调整，并依据对客体的认识对客体进行改造，使其满足自己的需要。同时，目的的实现是一个过程，它离不开意志的调节作用。

价值观念是价值意识的高级形式。价值观念与价值心理既相互联系又相互区别。首先，从本质上来说，二者都是对客观存在的价值关系的反映，产生于主体价值认识、价值体验、价值创造的实践活动中。其次，二者属于不同的精神层次。从对思维逻辑规律的依赖程度来看，价值心理是处在个体心理等非理性层次上的价值意识形式，价值观念则是处在理性层次上的价值意识形式。因此，我们可以说，在价值意识的范围内，价值心理为价值观念的形成提供思想素材，是价值观念形成的基础；价值观念是价值心理的进一步凝练、概括和升华，是理性化、系统化、社会化的价值意识形式，对价值心理具有重要的指导作用。作为理论化、系统化、社会化的价值意识，价值观念不再仅仅为个人所独有，通常为一定社会主体所共有。简单地说，价值心理表示主体"想要什么"，而价值观念则表示主体"应要什么"。

关于价值观念的本质规定，学术界主要有两种观点。一种观点认为，价值观念是人们关于客体价值的观点和看法，即关于客体具有什么价值以及客体的最高价值的观点和看法。如有学者认为"价值观念就是人们在关于各种事物所具有的各种价值的观点或看法基础上所形成的对这些事物所具有的这

---

① 《马克思恩格斯选集》第 2 卷，人民出版社，2012，第 169~170 页。

些价值的信念"①，还有学者认为价值观念是"关于客观对象的作用、意义，亦即关于客观对象的价值的总观点、总看法"②。另一种观点认为，价值观念是人们对什么为好（坏）、利（害）、善（恶）、美（丑）的看法，构成人们进行价值评价的标准。如有人认为价值观念"是人们基于生存、享受和发展的需要，对某类事物的价值以及普遍价值的根本看法，是人们所持有的关于如何区分好与坏、对与错、符合与违背意愿的总体观念，是关于应该做什么和不应该做什么的基本见解"③，还有学者认为价值观念"是人们关于什么是好、什么是坏，怎样为好、怎样为坏，以及自己向往什么、追求什么、舍弃什么、拥护什么、反对什么等的观念、思想、态度的总和"④。由此可见，价值观念是一定主体对实践中客观存在的价值关系和价值现象的主观反映，是主体关于客体价值的总观点和总看法，是一定社会主体所共有的、基于生存和发展的需要判断某类事物价值性质及大小的评价标准体系。

此外，还需要区分"价值观念"和"价值观"两个概念。通常人们在使用时将"价值观念"和"价值观"等同，把"价值观"视为"价值观念"的简称。但是从严格意义上来说，二者是有区别的。价值观念是主体进行价值判断的依据和标准，是主体内在尺度和需要的主观体现，而价值观则是关于价值的学说体系。它是指人们关于价值的本质、基础、功能等内容的根本观点和根本看法，类似于"价值论"。正如有学者所说，"价值观念之于价值观，犹如人的道德之于伦理学、宗教徒的信仰之于宗教学、罪犯的心理之于犯罪学一样"⑤。由此可见，当前我们所要解决的不是价值观问题，而是当代中国人的精神信仰问题即价值观念问题，根本目的在于重塑当代中国人的精神世界。

---

① 江畅：《论价值观念》，《人文杂志》1998 年第 1 期。
② 袁贵仁：《价值学引论》，北京师范大学出版社，1991，第 379 页。
③ 《马克思主义哲学》编写组编《马克思主义哲学》，高等教育出版社、人民出版社，2009，第 308 页。
④ 李德顺：《价值论：一种主体性的研究》，中国人民大学出版社，2013，第 137 页。
⑤ 李德顺：《价值论：一种主体性的研究》，中国人民大学出版社，2013，第 137 页。

二 价值观念的内在结构

关于价值观念的内在结构，目前学术界主要存在以下几种观点。

第一种观点认为，价值观念由主体意识、理想和信念、规范意识、实践意识、本位意识五大要素组成。具体地说，主体意识就是主体的定位和自我意识，即这种价值观念的主体是谁，体现的是谁的立场、利益和意志。主体意识是价值观念的核心和灵魂。理想和信念就是关于社会结构和秩序的设想。对个人来说，理想和信念涉及人应该成为一个什么样的人，应该追求什么样的生活，应该如何处理与他人、社会、国家的关系等；对社会来说，理想和信念涉及这个社会是坚持自由至上还是坚持平等至上，是注重效率还是注重公平，是实行人治还是实行法治等。规范意识就是关于社会规范的立场和选择，是由主体意识所决定的，表现为为实现理想和信念而构建的行为规则系统，如道德、法律等。实践意识是指人们在一定价值观念的形成、运用过程中所遵循和表现出来的深层思维和心理特征。它主要源于文化传承和积累，是价值观念中最为隐秘、最难以捉摸的要素。本位意识是指价值观念体系中能与其他价值进行换算的价值通项，如封建社会的"权本位"观念、资本主义社会的"钱本位"观念等。①

第二种观点认为，价值观念由价值原则、价值规范和价值理想三个要素构成。价值原则是关于什么是价值、为什么有价值以及价值秩序的基本观点。它既是价值规范和价值理想形成的基本依据，也是决定价值观念性质的根本依据。如上帝、个人主义成为基督教、资本主义社会判断一切事物价值有无及大小的根本标准。价值规范是价值原则的体现，价值原则渗透于各种价值规范之中，表现为规则、标准或尺度。价值规范是人们一切实践活动的具体行动指南。价值理想是对未来应然状态的把握，是人们所

---

① 李德顺：《价值论：一种主体性的研究》，中国人民大学出版社，2013，第145~148页。

追求的、具有现实可能性和合乎自己愿望的价值目标，与价值信念、价值信仰属同一序列的范畴。①

第三种观点认为，价值观念由目标系统、手段系统、规则系统和制约系统四个子系统构成。具体地说，目标系统是由目的价值观念构成的系统，而目的价值观念通常源于且对应于主体的需要。目标系统中的终极价值目标不仅是主体进行价值判断的根本标准，决定着主体价值观念的基本走向，而且还是不同民族和国家、不同个体的价值观念不同的根本原因之一。手段系统是由实现目的的手段的价值观念构成的系统。手段系统是直接为目的价值观念的实现服务的，通常来源于主体对目的价值观念及其实践路径的认识。规则系统则是由主体在运用一定手段实现目的的过程中所应遵循的规范价值观念构成的系统，其旨在维护社会正常的秩序，如法律、道德、习俗等。制约系统则是由关于保证规则有效遵循的制约机制的价值观念构成的体系。②

笔者认为，价值观念是由价值原则、价值目标和价值规范三个要素构成的有机体系。价值原则是主体在判断客体价值性质及大小时所坚持的基本准则。价值目标是主体价值活动所追求的、具有现实可能性和合乎主体愿望的指向与归宿。从时间上看，价值目标可分为近期目标和长远目标；从可能性上看，价值目标可分为现实目标和理想目标；从活动领域来看，价值目标可分为经济目标、政治目标、文化目标、社会目标和生态目标等；从承担主体来看，价值目标又可分为个体目标和群体目标等。价值规范是人们为实现价值目标，依据价值原则而制定的行为规范。价值原则、价值目标和价值规范三者共同组成价值观念。

价值观念总是和特定的主体相联系，表现为一定主体的价值观念。依据主体的不同，价值观念可分为个体价值观念和群体价值观念。个体价值

---

① 《马克思主义哲学》编写组编《马克思主义哲学》，高等教育出版社、人民出版社，2009，第309页。

② 江畅：《论价值观念》，《人文杂志》1998年第1期。

观念是社会成员个体在社会实践过程中所形成的价值观念，是个人现实需要和利益的反映。群体价值观念是指一定人类群体在共同的实践活动中所形成的价值观念，是特定群体共同需要和利益的反映。依据群体的类型，群体价值观念又可分为集体价值观念、阶级价值观念、民族价值观念、社会价值观念、人类价值观念等。虽然个体价值观念和群体价值观念主体不同，但由于任何个体都是一定群体中的个体，任何群体都是由一定个体组成的群体，因此，个体价值观念与群体价值观念特别是社会价值观念是紧密相连的。首先，二者相互依存、密不可分。个体价值观念离不开群体价值观念，群体价值观念也离不开个体价值观念；个体价值观念是群体价值观念的表现，群体价值观念寓于个体价值观念之中并通过个体价值观念表现出来。其次，二者相互作用、相互渗透。个体价值观念既蕴含着群体价值观念，又影响和制约着群体价值观念的形成和发展；反之，群体价值观念也制约着个体价值观念，个体价值观念的形成和发展都要受到群体价值观念的深刻影响。最后，二者相互转化。在一定条件下，个体价值观念可以转化为群体价值观念，群体价值观念也可以转化为个体价值观念。

三　价值观念形成的影响因素

价值观念的形成受多种因素的影响。首先，受物质生活条件的制约。这主要表现在两个方面。第一，物质生活资料的生产方式决定着价值观念的性质。物质生活资料的生产方式包含生产力和生产关系两个方面，二者相互作用，共同推动人类社会由低级阶段向高级阶段发展。依据生产关系的不同，人类社会可划分为原始社会、奴隶社会、封建社会、资本主义社会和共产主义社会五种形态，因此，价值观念也可分为原始社会价值观念、奴隶社会价值观念、封建社会价值观念、资本主义社会价值观念和共产主义社会价值观念。依据经济形式的不同，价值观念还可分为与自然经济相适应的价值观念、与商品经济相适应的价值观念以及与产品经济相适应的价值观念等。第二，物质生活条件的状况和水平决定着主体价值观念的层次和水平。价值观念作为主体评价价值关系性质及大小的主观标准，是由主体的需要决定的。因此，主体需要的现实层次和满足状况直接决定着价值观念的内容。而主体需要的现实层次和满足状况又是由一定社会的物质生活资料的生产水平和充裕状况决定的。如果一定社会的生产力水平极其低下，物质生活资料异常缺乏，整个社会的需要停留在生存层次上，那么这个社会的价值观念主要是以生存需要为基础的价值观念。相反，如果一定社会的生产力非常发达，物质生活资料极其充裕，整个社会的需要集中于发展需要上，那么这个社会的价值观念主要是以发展需要为基础的价值观念。在迄今为止的人类历史中，由于物质生活资料相对匮乏，人们的价值观念始终未能摆脱物质生活条件的制约，这就使得价值观念不仅要反映物质生活的状况，而且要服务于物质生活资料的生产。

其次，价值观念还受政治法律制度、历史文化传统的制约和影响。从本质上来说，价值观念和政治法律制度作为上层建筑的组成部分，都是由经济基础决定并为维护和巩固经济基础服务的。但相比而言，政治法律制度更基础一些，作为社会意识形态核心的价值观念相对间接一些。这就要求社会价值观念必须体现政治法律制度的要求。这是就社会价值观念而言的。对于个体价值观念来说，虽然由于需要不同，因而不同的个体具有不同的价值观念，但是任何个体都是社会中的个体，这就决定了任何个体价值观念的形成都会受到该社会的政治法律制度的影响。同时，价值观念还受历史文化传统的影响。价值观念作为一种社会意识是由物质生活资料的生产方式决定的，但这只是从归根结底的意义上说的。实际上，物质生活资料的生产方式对价值观念的决定作用不是绝对的，价值观念的变化与物质生活资料生产方式的变化并不是同步的，价值观念本身具有一定的相对独立性，其中一个重要的表现就是历史继承性。任何社会价值观念的形成都会受到既有的、作为一种历史传统存在的价值观念传统的影响。这种传统不仅仅是本国的、本民族的，也包括异国的、其他民族的，在社会交往普遍发展和历史成为世界历史的条件下更是如此。个体价值观念的形成不仅会受到价值观念传统的影响，同时还会受到现实中占主导地位的社会价值观念的影响。

价值观念作为价值评价的主观标准，是对作为客观价值标准的主体需要等内在尺度的反映。因此，从内容上看，价值观念是由主体的客观需要决定的。不同的主体具有不同的需要，同一主体也有不同方面的需要，并且同一主体在不同的历史条件下也会有不同的需要，这就使主体的价值观念特别是个体价值观念呈现多元、多样、多变的特点。但需要注意的是，决定个体价值观念的需要与决定社会价值观念的需要是不同的。决定个体价值观念的需要是社会成员个人的需要，只要社会成员个人据以进行价值判断的需要是真实且现实的，那么他的价值观念就是合理的、有效的。然而，作为社会价值观念基础的需要既不是任意个体的需要，也不是任意群体的需要，只能是反映社会发展规律、符合社会发展趋势、推动社会历史进步的需要，即先进阶级和人民群众的需要。

因此，关于价值观念的形成，概括地说，社会价值观念的形成受物质生活条件、政治法律制度和历史文化传统的影响，这是宏观层面的；从中观层面来看，社会价值观念是由一定社会发展阶段代表先进生产力的先进阶级和人民群众的需要决定的；从微观层面来看，社会价值观念的形成受个体价值观念即人民的现实价值诉求和价值取向的影响。个体价值观念的形成除受社会物质生活条件、政治法律制度和历史文化传统影响外，还受社会主导价值观念的影响，这是个体价值观念形成的社会条件。需要注意的是，无论是历史的价值观念传统还是现实的社会主导价值观念对个体价值观念的影响都只是可能意义上的，要使可能转化为现实，它们必须符合个体的内在观念结构并为个体的实践活动所证实。从微观层面来看，个体价值观念由个体需要及其满足状况决定。

从影响价值观念形成的各项因素中我们可以看出，价值观念具有以下特征。第一，价值观念具有历史性。价值观念归根结底是由一定社会的物质生活条件决定的，并随着物质生活条件的变化而变化，具有明显的社会历史性。在阶级社会里，无论是个体价值观念还是群体价值观念都是一定阶级的价值观念，因而具有阶级性。第二，价值观念具有民族性。一个民族基于共同生产、生活实践会产生具有民族特色的共同价值观念，而不同的民族则具有不同的价值观念。价值观念成为一个民族区别于其他民族的核心内容。第三，价值观念具有多元性。价值观念的多元性源于价值的主体性。不同的主体具有不同的需要，这就使作为主体客观需要的主观反映的价值观念因主体的不同而不同，成为一种多元的存在。

价值观念作为社会意识的重要组成部分，不仅受社会物质生活资料等诸多因素的制约，而且还具有一定的主观能动性，突出表现在价值观念的功能和作用上。第一，价值观念具有定向功能。人和动物的区别之一，就在于人的任何活动都是有目的的能动的活动。价值观念作为主体评价主客体价值关系的标准，为人们价值目标的选择提供了基本依据。个体依据价值观念选择应该追求什么、应该避免什么，价值观念为个体提供思想和行动的方向。社会则依据该社会的主导价值观念推动社会不断前进，同时该社会的主导价值观念也制约和影响着社会成员的价值选择和价值取向。第二，价值观念具有调节功能。主体确定具体的行动目标后，为了保证个体目标和社会目标的实现，必须将主体的行为限定在一定的范围内。这就需要发挥价值观念的调节作用。价值观念不仅是主体价值判断的依据，而且还是主体价值活动的规则、规范。价值观念作为一种应然状态，不仅告诉人们可以、应该做什么，而且告诉人们不可以、不应该做什么。价值观念的调节作用还表现在依据一定的价值观念特别是依据社会主导价值观念，对不同主体间的利益关系进行有效的调节，使其沿着有利于社会整体发展的方向前进。第三，价值观念具有激励功能。价值观念不仅能够引导主体行动的方向、调节和规范主体的行为，而且还能激发主体的情感和意志，为主体的价值实践提供强大的精神动力。主体在实现价值目标的过程中，可能会遭遇不同的困难与挫折。此时，坚定的信念、信仰能够激发主体顽强的意志，帮助主体克服困难和挫折，推动主体的认识和实践活动继续向前发展，直至价值目标实现。

第三节 社会主义核心价值观念

党的十八大提出了以"三个倡导"为基本内容的"社会主义核心价值观",并提出了"积极培育和践行社会主义核心价值观"的战略任务。准确界定核心价值观念、社会主义核心价值观念的本质意蕴,有利于我们更加全面、深入地把握当代中国的价值观念。

一 核心价值观念

核心价值观念的内涵,主要包括以下几个方面的内容。

首先,核心价值观念是一个社会中占主导地位的价值观念。任何一个社会的价值观念都不可能是单一的,相反,由于经济基础的多元性、阶级阶层的多样性以及思想观念的独立性,任何社会的价值观念必然是一个先进与落后、健康与腐朽、本土与外来、传统与现代并存的复合体。在多元多样的价值观念体系中,必有一种价值观念处于支配地位,进而成为影响、制约和支配人们思想和行为的主要价值观念,这就是主导价值观念。在阶级社会里,这种居于主导地位的价值观念通常就是统治阶级的价值观念。正如马克思恩格斯所说:"统治阶级的思想在每一时代都是占统治地位的思想。这就是说,一个阶级是社会上占统治地位的物质力量,同时也是社会上占统治地位的精神力量。支配着物质生产资料的阶级,同时也支配着精神生产资料,因此,那些没有精神生产资料的人的思想,一般地是隶属于这个阶级的。"[1]

其次,核心价值观念是体现社会制度本质特征的价值观念,是一种社会制度与另一种社会制度的本质区别所在。社会是一个关系体,"社会不是由个人构成,而是表示这些个人彼此发生的那些联系和关系的总和"[2]。尽管社会关系从宏观上看包括人与自然、人与人、人与自身三方面的内

---

[1] 《马克思恩格斯选集》第1卷,人民出版社,2012,第178页。
[2] 《马克思恩格斯全集》第30卷,人民出版社,1995,第221页。

容，但人与人之间的关系是它的主体内容，并且从一定意义上说人与自然、人与自身之间的关系也属于人与人之间的关系。人与自然的关系体现的是代际主体之间的关系，"人对自身的关系只有通过他对他人的关系，才成为对他来说是对象性的、现实的关系"①。以人与人之间的关系为主体的社会关系，是人们在社会交往中产生的，这些在社会交往中产生的社会关系被固定和规范下来就形成了制度。"制度只不过是个人之间迄今所存在的交往的产物。"② 简而言之，制度本质上就是人与人之间的社会关系的固化。社会制度作为统治阶级所做的制度安排，必然遵循一定的体现该种社会制度本质特征的基本理念。这种体现社会制度本质特征的基本理念就是核心价值观念。由于文化背景、民族传统、发展阶段等方面的差异，各个国家、各个民族的具体制度安排会呈现不同的特点，但同一种社会形态的国家，都必须坚守该社会形态所特有的价值观念。

最后，核心价值观念是价值观念的核心内容。关于价值观念的核心内容，绝大多数人认为价值目标是整个价值观念体系的核心，但关于何者居于核心地位，特别是作为价值观念典型形式的理想、信念和信仰三者何者居于核心地位却存在不同观点。有学者认为理想居于核心地位。持这种观点的学者认为，理想源于但高于信念，信念是理想产生的基础和前提，理想是信念在最高层次上的综合与升华；理想是信仰对象的未来形象，是具体实践着的信仰。③ 有学者认为信仰居于核心地位。④ 此外，还有学者认为价值观念的最高层次是关于人的存在的终极价值的观念，表现为总体目的、根本目标和最高理想，其在价值观念系统中处于核心地位。⑤ 笔者认为，在

---

① 《马克思恩格斯选集》第 1 卷，人民出版社，2012，第 59 页。
② 《马克思恩格斯全集》第 3 卷，人民出版社，1960，第 79 页。
③ 李德顺：《价值论：一种主体性的研究》，中国人民大学出版社，2013，第 143~144 页。
④ 《马克思主义哲学》编写组编《马克思主义哲学》，高等教育出版社、人民出版社，2009，第 309 页。
⑤ 吴向东：《重构现代性：当代社会主义价值观研究》，北京师范大学出版社，2006，第 32~33 页。

由价值目标、价值原则和价值规范三者构成的价值观念中，价值目标中的价值理想是核心内容。因此，核心价值观念就是指价值观念中的价值理想。

二　社会主义核心价值观念的内涵

党的十八大提出了以"三个倡导"为基本内容的"社会主义核心价值观"，并提出了"积极培育和践行社会主义核心价值观"的战略任务。这是中国共产党面对世界范围思想文化交流交融交锋新态势、国内改革开放和发展社会主义市场经济条件下思想意识多元多样多变新特点而作出的重大战略部署。在公开宣传上，我们必须严格坚守以"三个倡导"为基本内容的"社会主义核心价值观"，积极开展"三个倡导"的宣传教育、示范引领和实践养成工作，不断巩固马克思主义在意识形态领域的指导地位和全党全国各族人民团结奋斗的共同思想基础。但是，在公开宣传上坚守以"三个倡导"为基本内容的"社会主义核心价值观"，并不意味着我们不能从学理上对之进行更加深入的研究，否则我们对"社会主义核心价值观"的认识就不可能深化和发展。我们应该秉承科学、严谨的研究态度，从学理上全面准确地把握"社会主义核心价值观"的本质意蕴。

"社会主义核心价值观"可从本来意义和特指意义两个维度去理解。本来意义上的"社会主义核心价值观"是相对于资本主义等其他社会形态的核心价值观念而言的，泛指所有社会主义国家都必须坚守的核心价值观念。特指意义上的"社会主义核心价值观"是指当代中国的价值观念。①当前，我们所凝练和培育的"社会主义核心价值观"并不是着眼于为所有社会主义国家提供一般意义上的价值遵循，而是要建构既体现社会主义本质要求又立足当代中国基本国情和民众现实诉求、既符合人类发展趋势又继承中华文化优秀传统的当代中国价值观念，主要目的在于重塑当代中国人的精神世界。因此，为了保证学术研究的严谨性，本书将从本来意义上

---

① 参见刘建军、任超阳《社会主义核心价值观的广义与狭义》，《光明日报》2014 年 6 月 16 日。

来理解"社会主义核心价值观",将其称为"社会主义核心价值观念",将特指意义上的"社会主义核心价值观"即当代中国主流价值观念称为"中国特色社会主义基本价值观念"。2013 年 12 月 20 日,习近平总书记在中央政治局第十二次集体学习时的讲话中明确表示"当代中国价值观念,就是中国特色社会主义价值观念"①。

社会主义核心价值观念,就是指在社会主义社会占主导地位的价值观念,是社会主义社会所必须坚守的基本价值原则,是社会主义先进文化的基本内核,也是社会主义制度同其他社会制度的本质区别所在。② 它主要蕴藏于马克思主义经典作家关于未来社会的价值理想之中。中国特色社会主义基本价值观念作为当代中国的价值观念,是社会主义核心价值观念在当代中国的具体体现和现实展开,是对社会主义核心价值观念的丰富与发展。社会主义核心价值观念不仅是构成中国特色社会主义基本价值观念的重要内容,而且还是建构中国特色社会主义基本价值观念所必须遵循的基本原则。

第四节 中国特色社会主义基本价值观念

科学把握中国特色社会主义基本价值观念的本质意蕴,是本书研究的关键。因此,在我们搞清价值观念、核心价值观念、社会主义核心价值观念的本质后,需要进一步揭示中国特色社会主义基本价值观念的实质,从而为本书的研究奠定基础。

一 中国特色社会主义基本价值观念的内涵

将当代中国的价值观念称为"中国特色社会主义"价值观念,主要有

---

① 习近平:《习近平谈治国理政》,外文出版社,2014,第 161 页。

② 参见王怀超《关于中国特色社会主义理论几个基本问题的思考》,《科学社会主义》2012 年第 2 期。

以下几个原因。

第一，社会主义核心价值观念与当代中国价值观念是一般与特殊的关系。尽管我们当前所称谓的"社会主义核心价值观"实际上是指当代中国的价值观念，但从学理和本来意义上说，社会主义核心价值观念与当代中国价值观念是一般与特殊的关系。如前所述，社会主义核心价值观念是指蕴藏于马克思主义经典作家著作之中、为社会主义社会所必须坚守的基本价值遵循，是社会主义制度同其他社会制度的本质区别所在。当前，我国处于并将长期处于社会主义初级阶段，这就决定了当代中国的价值观念既要以社会主义核心价值观念为基础，也要立足当代中国社会实际、体现人民大众现实诉求，否则就会因脱离现实而成为"空中楼阁"。同时，将社会主义核心价值观念同当代中国价值观念区分开来，加强对社会主义核心价值观念同当代中国价值观念关系的研究，不仅有利于从学理上更加深刻地把握"社会主义核心价值观"这个范畴，而且有利于催生新的学术生长点，推动当代中国价值观念研究的深入。此外，还有利于将我国的价值观念同其他社会主义国家的价值观念区别开来，从而凸显我国价值观念的民族特色。

第二，有利于深化对中国特色社会主义的认识。改革开放以来，几代中国共产党人坚定不移地高举中国特色社会主义伟大旗帜，社会主义现代化建设取得了举世瞩目的伟大成就。然而，对于中国奇迹，国际社会存在不同声音。一方面，中国速度、中国经验、中国模式风靡全球；另一方面，"中国威胁论""中国责任论"甚嚣尘上。因此，将当代中国价值观念称为"中国特色社会主义"价值观念，不仅有利于深化对中国特色社会主义的认识，使中国特色社会主义从道路、理论、制度和文化四个维度拓展为道路、理论、制度、文化和价值五个维度，而且还有利于消除国际社会对中国发展道路的误读和诽谤。

将当代中国的价值观念称为中国特色社会主义基本价值观念，主要基于以下考虑。

第一，从内容上来说，当代中国的价值观念首先应该包含社会主义核心价值观念，这是由中国社会的社会主义性质决定的。其次，由于发展阶段、文化传统、基本国情等方面的差异，当代中国的价值观念在坚守社会主义核心价值观念的前提下必然包含既体现社会主义本质又反映当代中国社会发展状况和民众现实价值诉求，既继承中华优秀文化传统又吸收世界文明有益成果，既立足于中国现实、体现民族特色又符合人类社会发展趋势的内容，其中最为主要的内容就是当代中国经济、政治、文化、社会、生态等诸领域的发展目标。它们是社会主义核心价值观念在当代中国社会各领域的具体展开，也是当代中国人民现实价值诉求的直接体现。因此，将当代中国的价值观念称为中国特色社会主义基本价值观念能体现出更大的包容性。

第二，从语义上说，将当代中国主流价值观念称为中国特色社会主义基本价值观念，能为当代中国价值观念的凝练和研究提供更多的空间。在语义上，"基本"既有"核心"的意思，也有"主要"的意思。"核心"通常是一个事物本质的体现，因此，一个社会中居于主导地位的核心价值观念一定是体现该社会制度本质的价值理念。这就意味着一个社会的核心价值观念在表述上不可能太多。但"基本"语义上的丰富性，使我们在当代中国主流价值观念的表述上会更加贴切一些，也为我们进一步研究当代中国主流价值观念提供了更为广阔的空间。可见，使用中国特色社会主义基本价值观念更符合当代中国现实，这一概念学术性也更强一些。

二　中国特色社会主义基本价值观念的影响因素

中国特色社会主义基本价值观念是既体现社会主义本质要求又反映当代中国社会发展状况和民众现实价值诉求，既继承中华优秀传统文化又吸收世界文明有益成果，既立足于中国现实、体现民族特色又符合人类社会发展趋势的价值观念，因此，影响中国特色社会主义基本价值观念凝练的因素有以下几个。

第一，社会主义文化。从性质上来说，中国特色社会主义基本价值观念首先是社会主义性质的价值观念，而不是封建主义、资本主义性质的价值观念，这是中国特色社会主义基本价值观念的本质特征。这是我们建构当代中国价值观念的根本前提。我国是社会主义国家，人民是国家的主人，作为当代中国主导价值观念的中国特色社会主义基本价值观念必须是占人口绝大多数的工人阶级、广大劳动人民的利益和意志的体现，必须坚守马克思主义经典作家关于未来社会的价值理想。能否体现社会主义的本质要求，能否充分反映马克思恩格斯关于未来社会的价值理想，从根本上决定了中国特色社会主义基本价值观念的性质。因此，马克思恩格斯关于未来共产主义社会的价值理想成为中国特色社会主义基本价值观念的主要思想来源。

第二，中国发展状况。马克思恩格斯关于未来共产主义社会的价值理想，为中国特色社会主义基本价值观念的建构指明了方向，决定了中国特色社会主义基本价值观念的根本性质。但是，一个社会的主导价值观念要从国家的价值导向转化为民众的价值取向并成为民众社会活动的行动指南，必须符合社会发展阶段的总体状况，必须充分反映民众的现实利益诉求，否则只能成为"空中楼阁"。因此，作为当代中国主导价值观念的中国特色社会主义基本价值观念的建构必须充分考量当代中国社会的发展状况，充分反映人民大众的现实价值诉求。只有这样，才能够建构既体现社会主义本质要求又反映中国发展现状和民众利益诉求、既高于现实又源于现实的为民众所认同并自觉践行的当代中国核心价值观念。

第三，西方近现代文化。依据生产方式的性质，当代中国的核心价值观念属于社会主义性质的价值观念，与封建主义、资本主义价值观念相对应；依据经济形式的不同，当代中国的核心价值观念是以商品经济为基础的现代价值观念，与以自然经济为基础的传统价值观念、以产品经济为基础的未来价值观念相对应。以工业化为基础的现代化始发于并最早完成于英法美等西方资本主义国家，同时西方资本主义国家在思想上也形成了一套与之相适应的现代价值观念。当前，我国正在进行轰轰烈烈的社会主义现代化建设，中央明确指出要充分发挥市场在资源配置中的决定性作用，这就需要我们在坚持马克思主义主导地位的前提下借鉴人类文明的有益成果，建构与之相适应的现代价值观念。这是从国内来说的。从国际来说，当今世界全球化趋势深入发展，经济全球化带动了文化在全球的广泛传播，隐藏在文化中的价值观念势必会对他国的民众产生影响。同时，我们所要建构的中国特色社会主义基本价值观念不仅是立足中国现实、体现民族特性的价值观念，更是占领人类文明道德制高点、引领人类社会未来方向的价值观念，这就需要我们批判地继承包括西方文化近现代价值观念在内的人类文明的一切优秀成果。

第四，中国传统文化。精神文化虽然属于社会意识的范围，但它具有历史的延续性和传承性，一旦产生便作为一种客观的、无所不在的力量对生活于其中的所有人产生广泛、深刻而久远的影响。中国是一个有着五千年历史的文明古国，是世界上唯一文明未曾中断的国家，创造了灿烂悠久的文化。正如习近平总书记在党的二十大报告中指出："中华优秀传统文化源远流长、博大精深，是中华文明的智慧结晶，其中蕴含的天下为公、民为邦本、为政以德、革故鼎新、任人唯贤、天人合一、自强不息、厚德载物、讲信修睦、亲仁善邻等，是中国人民在长期生产生活中积累的宇宙观、天下观、社会观、道德观的重要体现，同科学社会主义价值观主张具有高度契合性。"[①] 中国传统文化及其所包含的价值观念已经在社会发展过程中逐渐积淀为中国人内心深层的文化心理，这种文化心理一旦形成就具有超强的稳定性。同时，当今世界各国在现代化过程中也暴露出了许多问题，这些问题表明我们如今所坚守的现代价值观念也存在许多缺陷。

---

① 习近平：《高举中国特色社会主义伟大旗帜　为全面建设社会主义现代化国家而团结奋斗——在中国共产党第二十次全国代表大会上的报告》，人民出版社，2022，第18页。

相反，当今世界许多思想家都认识到中国传统文化中的许多思想可以成为指导现代化建设的基本原则。因此，我们应该以当今世界在现代化过程中所面临的重大问题为导向，充分挖掘中国传统文化中有益于这些问题解决的宝贵思想资源，不断丰富、发展为我们今天所坚守但又暴露大量问题的现代价值观念，从而抢占道德制高点，推动人类社会不断向前发展。

第二章　中国特色社会主义基本价值观念的思想渊源

任何新的学说，虽然它首先根植于社会的物质生活之中，但它又必须从已有的思想材料中汲取营养。中国特色社会主义基本价值观念的凝练，既要始终坚守马克思主义经典作家关于未来社会的价值理想，又要充分吸收中华文化传统价值观念中的优秀基因，更要合理借鉴西方文化近现代价值观念中符合人类发展趋势的有益成果。只有这样，才能凝练出既体现社会主义本质又符合人类社会发展趋势、既契合中华文化优秀传统又吸收人类文明有益成果的当代中国价值观念。

第一节　马克思恩格斯关于未来社会的价值理想

中国特色社会主义基本价值观念，首先必须是社会主义价值观念，这是由当代中国的社会性质决定的。因此，中国特色社会主义基本价值观念的凝练和弘扬，必须充分体现社会主义的本质要求，从空想社会主义者特别是马克思恩格斯关于未来社会的价值理想中寻找价值资源。只有这样，才能凝练出社会主义性质的价值观念。

一　空想社会主义者关于未来社会的价值目标

空想社会主义是马克思思想的三大来源之一。它产生于 16 世纪初，终结于 19 世纪三四十年代。空想社会主义是资本主义生产方式刚刚产生并获得初步发展但发展还不充分，资本主义生产方式内部固有的生产资料私人占有和社会化大生产之间的矛盾尚未充分暴露，资产阶级和无产阶级之间的阶级矛盾尚未充分展开这一历史条件下的产物。空想社会主义在其 300 多年的历史中，大致经历了三个发展阶段，即 16~17 世纪的空想社会主义、18 世纪的空想社会主义和 19 世纪上半叶的空想社会主义。

16~17 世纪是空想社会主义发展的第一个阶段。16~17 世纪，是资本主义生产方式逐步形成、资产阶级无产阶级相继产生的时期。这个时期的资本主义处于原始积累时期，"圈地运动"为英国成为资本主义发展最早也是最快的国家提供了条件。在英国的影响下，德国、意大利和法国等国的资本主义也开始发展。随着资本主义生产方式的相继建立和逐步发展，资本主义所固有的弊端开始显现，一些进步分子开始对资本主义生产方式进行批判，于是就产生了早期的空想社会主义思想家。16~17 世纪空想社会主义的代表人物主要有英国的莫尔、温斯坦莱，德国的闵采尔，意大利的康帕内拉和法国的维拉斯。

18 世纪是空想社会主义发展的第二个阶段。18 世纪是资本主义快速发展的时期，特别是在 18 世纪后期蒸汽机作为动力机被广泛使用，机器大工业逐渐代替工场手工业。作为世界上第一个确立资产阶级政治统治的国家，英国率先进行了产业革命，极大地促进了资本主义生产力的发展。在英国的影响下，法国等国也进行了产业革命。资本主义经济的发展，资产阶级和无产阶级力量的不断壮大，资本主义生产方式的内在矛盾日益暴露，这就使得这个时期产生的反映无产阶级和劳动人民要求的空想社会主义思想的空想色彩被弱化，这一思想发展成为"直接共产主义的理论"[①]。18 世纪空想社会主义的代表人物主要有法国的摩莱里、马布利和巴贝夫。

19 世纪上半叶是空想社会主义发展的第三个阶段。19 世纪上半叶，

①《马克思恩格斯选集》第 3 卷，人民出版社，2012，第 393 页。

英国和法国相继完成了工业革命，使得资产阶级的统治得以牢固确立。德国作为一个尚未统一的封建专制国家，虽然没有完成工业革命和建立资产阶级政权，但在英法等国的影响下开启了机器大工业代替工场手工业的进程，资本主义生产关系获得一定发展。资本主义生产方式在英法德等国的发展，使得资产阶级和无产阶级之间的矛盾日益尖锐，这就促使反映这个时期无产阶级利益的空想社会主义理论得到了进一步发展。这一阶段的主要代表人物有法国的圣西门、傅立叶和英国的欧文。

无论是 16~17 世纪早期的空想社会主义者，还是 18 世纪和 19 世纪上半叶的空想社会主义者，他们一方面对现实中的资本主义制度进行了尖锐的批判，另一方面在描绘理想社会制度的过程中，或直接或间接地表达了他们关于未来社会的价值追求。主要体现在以下几个方面。

1. 平等

平等是空想社会主义者首要的价值观念。无论是早期的空想社会主义者，还是 19 世纪上半叶的空想社会主义者，几乎无一例外都把不平等作为批判资本主义制度的切入点，同时也都把平等作为未来理想社会的重要原则。所不同的地方就在于有的思想家所追求的平等仅限于政治上的平等，而有的思想家还追求社会经济方面的平等。

首先，空想社会主义者深刻揭示了不平等产生的根源。在资本主义社会中，一方面，终日劳作的劳动人民不能享有自己的劳动产品，经常被饥饿、贫困和疾病折磨；另一方面，好逸恶劳的富裕阶层却占有劳动人民的全部产品，他们坐享其成、奢侈无度。绝大多数空想社会主义者都将这种不平等产生的根源归结为资本主义私有制。莫尔最先指出私有制是一切不平等产生的根源。他说："我深信，如不彻底废除私有制，产品不可能公平分配，人类不可能获得幸福。"[①] 一个国家只要还存在私有制，那么所谓的正义和繁荣就难以得到实现，除非你认为最坏的人掌握最珍贵的东西是

① 〔英〕托马斯·莫尔：《乌托邦》，戴镏龄译，商务印书馆，1959，第 44 页。

正义的或者少数人瓜分所有财富而社会是繁荣的。温斯坦莱认为私有制"是产生使人民陷于贫困之中的一切战争、流血、偷窃和奴役性法律的原因"①。摩莱里认为私有制是一切罪恶之母，是万恶之根，指出"在没有任何私有财产的地方，就不会有任何因私有财产而产生的恶果"②。马布利则认为私有制"引起利益的不平等和对立、贫富的罪恶、道德的颓废、智慧的退化、偏见和欲念的产生"③，从而导致不公正和暴虐的政府的出现，而政府又制定偏袒且具有强制性质的法律以压迫人民。欧文则从政治经济学的角度批判了资本主义私有制，这在社会主义思想史上还是第一次。他从李嘉图的劳动价值论出发，认为本应归工人所有的劳动产品之所以被资本家占有，根本原因在于生产资料的资本主义私有制。他猛烈地批判了资本主义私有制，认为私有制"过去和现在都是人们所犯的无数罪行和所遭的无数灾祸的原因"④。

其次，平等是空想社会主义者关于未来社会的价值理想。空想社会主义者在批判资本主义私有制的过程中，从多个方面描述了未来的平等社会。主要体现在以下几个方面。一是消灭私有制，实行生产资料公有制。在莫尔所描述的乌托邦中，私有制被彻底消灭，生产资料和生活资料公有并按计划调节和分配。同时，乌托邦还设立公共食堂，提供免费医疗，住房每十年调换一次。在康帕内拉所描述的太阳城中，废除了私有制，建立了公有制，消灭了阶级和贫富对立，每一个人既是富人又是穷人。他明确表示："在他们的公社制度下，太阳城的人民都是富人，但同时又是穷人；他们都是富人，因为大家公有一切；他们都是穷人，因为每个人都没有私有财产；他们使用一切财富，但又不为自己的财富所奴役。"⑤温斯坦莱认

① 《温斯坦莱文选》，任国栋译，商务印书馆，1965，第35页。
② 〔法〕摩莱里：《自然法典》，刘元慎、何清新译，商务印书馆，1959，第49页。
③ 《马布利选集》，何清新译，商务印书馆，1960，第95页。
④ 《欧文选集》下卷，柯象峯、何光来、秦果显译，商务印书馆，1965，第13页。
⑤ 〔意〕康帕内拉：《太阳城》，陈大维、黎思复、黎廷弼合译，商务印书馆，1960，第35页。

为土地是全世界人民的共有财产，提出严禁任何人买卖土地和其他生产资料，违者将作为共和国和平的叛逆者论罪，将被处以死刑。二是人人劳动，按需分配。在以生产资料公有制为基础的未来社会中，每一个有劳动能力的人都必须参加劳动。在温斯坦莱的自由共和国里，每个公民都必须参加劳动，都必须至少学习一种手艺，否则就会受到规劝和处罚。在摩莱里的理想社会中，每个公民都要参加劳动，都要为增进公益发挥自己的才能。由于实行生产资料公有制，人人都必须参加劳动，因此消费品公有并按需分配。摩莱里说："神把它的全部恩赐物都放在一个宝库里：人人跑到这里来，急忙把它打开，每个人从里面取其所需，而看到他人所得的东西比自己多时，也不因此不平。渴得发慌的行人走到清泉旁边，看到一个比他更渴的人多喝了几杯这种令人爽快的饮料的时候，完全不会对此嫉妒。如果大家希望扩大这个宝泉，将会有许多人同心协力，毫不费事地把这项任务完成，而他们的劳动也要受到重大的奖励。"①

2. 自由

自由、平等和博爱是资产阶级革命时期资产阶级及其思想家所追求的价值目标。它在反对宗教神权和封建专制的过程中发挥了积极作用，为资本主义的发展、资产阶级政权的建立奠定了思想基础。然而，历史条件和阶级地位决定了资产阶级所宣扬的自由只能是资产阶级的自由，并且是仅限于政治方面的自由。空想社会主义者不仅批判了资本主义自由的虚伪性，而且还描绘了一个人民享有充分自由的理想社会。

首先，空想社会主义者批判了资本主义制度对公民自由的限制和剥夺。莫尔批判英国"羊吃人"的圈地运动使农民失去了生产资料，而且政府当局还颁布了一系列法律禁止失去土地的农民四处流浪、沿街乞讨或偷盗抢劫，对铤而走险者给予严厉惩罚和血腥镇压，强迫被剥夺了土地的农民从事雇佣劳动，接受资本家的剥削和奴役。巴贝夫则批判了资产阶级

---

① 〔法〕摩莱里：《自然法典》，刘元慎、何清新译，商务印书馆，1959，第147页。

"自由"和"平等"的虚伪性。他临刑前说："'自由'和'平等'这些人们曾一再对你们说的并曾使你们的耳朵震聋的词，在革命开头的日子里，曾鼓舞你们的心灵，因为你们相信，这两个词多少具有对于人民有利的意义。现在这些词对你们已经没有什么意义了，因为你们看到，它们不过是空话，是花言巧语的装饰。但是，你们必须重新懂得，这些词对于广大群众还是会有而且应当有很长的价值的。"① 他明确表示平等派所要求的平等不仅仅是政治权利方面的平等，更重要的是社会经济方面的平等；不仅仅是消灭阶级特权，更重要的是要消灭阶级本身。

其次，未来社会中的人民享有全面而充分的自由。一是劳动自由。在莫尔描述的乌托邦中，务农是每一个有劳动能力的人必须从事的活动。同时，除裁制衣服外，每个人还需掌握至少一门其他方面的技艺。人们既可以学习自己父辈们所掌握的技艺，也可以从事家传以外的行业。如果条件允许，人们还可以学习多种技艺，家庭和政府需要为他们创造条件。温斯坦莱不但批判了仅限于政治领域的资产阶级自由，还指出真正的自由应该是社会经济领域的自由。他认为真正的共和国的自由就是使用土地的自由，每个人可以自由地使用土地、耕种土地并在土地上建筑房屋，可以自由地支配和享用自己的劳动果实。傅立叶认为劳动权是"最主要的天赋人权"②，并且是十二种人权中的"第一种权利"③。在他所设想的和谐制度下，人们的劳动都是自由的劳动，人们可以自由地变换工种和职业。二是婚姻自由。温斯坦莱主张，公民享有结婚和离婚自由，任何人不得以出身和嫁妆为由干涉或阻碍他人结婚。欧文也认为公社中的男女享有恋爱、结婚和离婚的自由。傅立叶非常重视妇女的自由和解放问题。在他设想的和谐制度下，妇女不用为家务劳动所累，也不用操心孩子的抚养和教育，完

---

① 〔法〕G. 韦耶德、C. 韦耶德合编《巴贝夫文选》，梅溪译，商务印书馆，1962，第56~57页。

② 《傅立叶选集》第2卷，庞龙、冀甫译，商务印书馆，1959，第7页。

③ 《傅立叶选集》第2卷，庞龙、冀甫译，商务印书馆，1959，第94页。

全从沉重的家务劳动中解放出来。同男子一样，妇女既从事生产劳动也参加科研活动，并且享有充分的婚姻自由。他指出："某一历史时代的发展总是可以由妇女走向自由的程度来确定，因为在女人和男人、女性和男性的关系中，最鲜明不过地表现出人性对兽性的胜利。妇女解放的程度是衡量普遍解放的天然标准。"① 这一思想后来为恩格斯所继承。三是宗教信仰自由。莫尔主张，乌托邦实行宗教信仰自由，法律允许每个居民信仰自己所选择的宗教；居民还享有传教自由，每个人可以向其他人宣传自己的宗教，劝其接受，但只能采用温和文雅的方式，通过说理的方式为自己所信仰的宗教辩护，禁止采用任何激烈的方式强迫他人信仰自己的宗教，更不能以暴力的方式打击甚至摧毁其他宗教，违者将受到流放或奴役的处分。

3. 民主

作为一种价值原则，民主是自由、平等等价值原则在政治上的体现；作为一种制度安排，民主是自由、平等等价值原则得以实现的制度保障。空想社会主义者不仅对现实中的资本主义经济、政治制度进行分析和批判，而且还将民主原则贯彻于未来社会的制度设计之中。

莫尔主张在乌托邦中实行民主选举。乌托邦的基层单位是家庭，每个家庭由40名以上成员组成，每一名飞拉哈负责管理30个家庭。每10名飞拉哈及其所管辖的300个家庭由一个高级的官员即首席飞拉哈管理。每个城市共有200名飞拉哈，由他们组成议事会。每个城市分为四个区，每个区提名一位总督候选人，最后由议事会以秘密投票的方式选出总督。总督实行终身制，飞拉哈和首席飞拉哈一年一选。按照规定，任何国家大事、任何法令都必须经议事会讨论方可实施，违者判处死刑。凡属被认为是重要的事都要提交至飞拉哈会议，由飞拉哈负责通知相关住户开会讨论，并将决议报告议事会，特殊情况下需经全岛大会审议。这些规定是为了防止总督和首席飞拉哈密谋压迫人民，从而改变国家制度。此外，为了防止官

---

① 转引自《马克思恩格斯全集》第2卷，人民出版社，1957，第249~250页。

员不顾国家和民众利益而信口开河，乌托邦规定任何问题照例不能在其被提出的当天的议事会上讨论，只能留在下次议事会上讨论。在康帕内拉设想的太阳城中，虽然最高领导人不是由人民选举产生的，但由 20 岁以上的公民组成的大会议有权向政府官员提出自己的意见，还有权对政府官员和政府当局的缺点进行批评。温斯坦莱主张：议会是自由共和国的最高权力机关，掌握着共和国的一切权力；议会由全民选举产生，每年改选一次；所有公职人员也都由选举产生，每年改选一次，反对公职人员任职终身制。他还十分强调法治的作用，要求法律必须简短以便于人民掌握和运用。

摩莱里的《自然法典》规定：各级行政长官任期满后成为普通民众，各行业领导任期满后仍属于普通工人；执政者除了享有一般公民同样的权利外无任何特权；未来社会的公民在法律面前一律平等，"任何一个公民，不分等级差别和地位高低，即使是民族的元首，如果犯了侵害他人生命或使他人受到致命伤害的罪行……或者企图利用阴谋或其他方法损害神圣法律，实行可耻的私有制度，一律要受最高参议会的审判，并根据他的自认，处以终身禁锢"①，同时任何人不得责备、歧视罪犯的子女，违者将受到法律的严厉制裁。巴贝夫通过对法国大革命后社会矛盾和阶级关系所发生的新变化的考察和研究，提出了人民革命和人民专政的思想。他认为，法国大革命是代表社会上层 100 万人、为少数人谋利益的革命。虽然广大普通民众为之进行了长达数年的斗争，但最后却没有获得一点利益，只是充当了资产阶级的垫脚石。因此，巴贝夫认为资产阶级革命是一个未完成的革命，还需要进行一场更为深刻的、代表 2400 万人民利益的人民革命，待旧政权被推翻之后，必须建立一个一切权利属于劳动人民的共和国。

圣西门主张实业制度下的领袖由人民通过民主选举产生，"把选举能够担任人类的伟大领袖职责的权力交给全体人民"②，同时妇女也有选举权

---

① 〔法〕摩莱里：《自然法典》，刘元慎、何清新译，商务印书馆，1959，第 141 页。
② 《圣西门选集》第 1 卷，王燕生等译，商务印书馆，1962，第 22 页。

和被选举权。圣西门在政治思想上的另一个重要贡献就是首次提出了"国家消亡"的思想。他认为，在新的政治制度下，一部分人统治另一部分人的现象将被消灭，代之以人与人联合起来共同去作用于自然界。傅立叶则对资本主义宪法、法律所规定的虚假的幻想的权利进行了批判。他说："许多写在纸上的权利，都是不现实的，把这些权利赋与那些完全没有办法实现的人，那是对他们的一种侮辱。"① 欧文所设想的未来社会的基层组织是公社，全体社员大会是它的最高权力机关，负责决定公社一切重大事务；公社的管理者都有年龄和任期限制，到达一定年龄后需解除职务。

此外，空想社会主义者关于未来社会的主张中还包括许多其他的价值理想，比如和谐、快乐等。莫尔描绘的乌托邦不仅为自己的居民免费提供住所、食物、医疗等服务设施，而且也会为外侨提供固定的住所和特殊的饮食照顾；如果有婴儿的母亲生病或者死亡，人们就会为这个婴儿寻找一位保姆，通常凡是能够胜任此项工作的妇女都会踊跃地、自愿主动地担负起这项工作；在就餐的过程中，人们会将最好的食品端给年迈的老人，使其得到理所应当的尊重。在巴贝夫描绘的平等共和国中，无论是青少年的教育还是老弱病残的照养，均能得到社会保障。他说："社会公正地对待一切人，并负责对儿童、病人和老弱给予同等的关怀。社会帮助青年人，这是在他们身上投资，使他们长大成人时能为社会服务，社会照顾病人和老弱的人，这是向他们还清债务，如果他们丧失做有用工作的能力，社会就尽人道的义务。"② 莫尔把快乐作为乌托邦人追求的价值目标之一。他说："所谓快乐，乌托邦人指人们自然而然喜爱的身或心的活动及状态。"③因此，他将快乐分为身体快乐和精神快乐两种，其中精神快乐是最值得人类追求的快乐。

---

① 《傅立叶选集》第 1 卷，汪耀三译，商务印书馆，1959，第 154 页。
② 〔法〕G. 韦耶德、C. 韦耶德合编《巴贝夫文选》，梅溪译，商务印书馆，1962，第 92 页。
③ 〔英〕托马斯·莫尔：《乌托邦》，戴镏龄译，商务印书馆，1959，第 75 页。

空想社会主义者不仅充分揭露了资本主义制度的种种弊端，并深刻地指出资本主义制度下所有罪恶和丑恶现象产生的根源在于资本主义私有制，而且在描绘未来理想社会的过程中，充分体现了对美好价值目标的追求。但是，由于历史条件和认识上的原因，他们没有也不可能科学地揭示资本主义制度的本质及发展趋势，更不可能找到通往未来社会的道路及变革资本主义社会的阶级力量。综观空想社会主义者的思想，局限性主要表现在以下几个方面。第一，宗教神秘主义。这一点在早期空想社会主义者那里表现得最为明显，尤其是他们的平等观带有浓厚的宗教色彩。依据基督教的戒律，任何人都不可以杀生，莫尔便以此为依据反对处死盗窃犯。他说："上帝命令我们无杀人之权，也无自杀之权。而人们却彼此同意，在一定的事例中，人可以杀人。但如果人们中的这种意见一致竟具有如此的权力，使他们的仆从无须遵守上帝的戒律，尽管从上帝处无先例可援，这些仆从却可以把按照人类法律应该处死的人处死，岂非上帝的戒律在人类法律许可的范围内才行得通吗？其结果将会是，在每一件事上都要同样由人们来决定上帝的戒律究竟便于他们遵守到什么程度。"① 闵采尔主张立即在人间建立早期基督徒所向往的天国。正如恩格斯所说："闵采尔所理解的天国不是别的，只不过是这样一种社会状态，在那里不再有阶级差别，不再有私有财产，不再有对社会成员而言是独立的和异己的国家政权。"② 因此，凡是违反平等原则的政权都应该被推翻，代之以体现并维护广大民众利益的政权。在康帕内拉描绘的太阳城中，作为最高权力掌握者的大司祭的形象是神，由大司祭和蓬、信、摩尔组成的政权则是神的代表；太阳城中的居民信仰宗教，相信占星术，无论是社会生产还是两性生活，都需要观测星象。第二，先验主义理性论。理性是启蒙运动时期资产阶级思想家批判旧社会、构建新社会的锐利武器，在他们看来，理性是检验一切事物的唯一尺度，一切都必须在理性的法庭面前为自己的存在做辩

---

① 〔英〕托马斯·莫尔：《乌托邦》，戴镏龄译，商务印书馆，1959，第25页。
② 《马克思恩格斯文集》第2卷，人民出版社，2009，第248页。

护。和启蒙学者一样，空想社会主义者也把理性看作检验现存事物的唯一尺度，他们认为资本主义制度同过去的封建制度一样，都是违背理性原则的，只有废除私有制，建立公有制，才是合乎理性的。摩莱里是空想社会主义者中理性论的代表，他不仅将人类社会的制度分为理性制度和非理性制度，而且将其同所有制联系起来，认为与理性制度相对应的是公有制，与非理性制度相对应的是私有制，人类社会按"公有制—私有制—公有制"的顺序发展，同时就是按"理性—理性的错误—理性的发现"的顺序发展。他说："理性的状况非常悲惨，以致不得不使用巨大的力量，千方百计地把蒙在它眼上的绷带扯下，迫使它把自己的视线集中到人类的真正利益上去。"① 圣西门更是将理性视为推动历史发展的动力。第三，平均主义和禁欲主义。空想社会主义先驱者大多数都主张实行按需分配，但部分空想社会主义者则带有明显的平均主义甚至禁欲主义色彩。在莫尔设想的乌托邦中，衣着华丽是被禁止的，人们只能穿普通的衣物，同时衣服除有男女、已婚未婚区别外，样式都是一样的，并且永远一样；在康帕内拉设想的太阳城中，人们所穿服装的样式、颜色一样，没有男女区别，一年四季只更换四次衣服；在摩莱里描绘的理想社会中，除了服饰统一外，住房的设计也是一样的，并要求饮食也得有所节制；在巴贝夫描绘的共和国中，既不实行按劳分配，也不实行按需分配，而是实行"平均分配"，任何福利、物品在所有民族、所有公民间进行毫无差别的绝对平等的分配。

二　马克思恩格斯关于共产主义社会的价值理想

马克思恩格斯在深刻批判资本主义制度的过程中，在辩证地继承空想社会主义者关于未来社会价值观念的基础上，较为系统地论述了未来共产主义社会的价值目标，为中国特色社会主义基本价值观念的凝练提供了宝贵的思想资源。

---

① 〔法〕摩莱里：《自然法典》，刘元慎、何清新译，商务印书馆，1959，第37页。

1. 平等

平等是马克思恩格斯关于未来共产主义社会的首要价值观念，是他们基于资本主义社会中存在的富人和穷人、资产者和无产者等诸多对立和不平等现象而提出的价值目标。他们不但批判了资产阶级平等观，还明确指出无产阶级平等观的核心在于消灭阶级本身，并对未来共产主义社会的平等内容作了原则性说明。

马克思恩格斯深刻批判资产阶级平等观，并充分阐述平等的历史性、阶级性和相对性。首先，批判杜林的抽象平等观，指出平等具有历史性。杜林认为，两个人的意志，就其本身而言是彼此完全平等的。对于杜林的错误观点，恩格斯说："两个意志的完全平等，只是在这两个意志什么愿望也没有的时候才存在；一当它们不再是抽象的人的意志而转为现实的个人的意志，转为两个现实的人的意志的时候，平等就完结了。"① 人类文明每前进一步，不平等也同时前进一步。起初基于平等的要求所建立的一切国家机构，后来又成为压迫人民的新工具，以致最终被无法忍受的人民再次推翻以实现新的平等。这样，不平等又重新转变为平等，但这种平等不是没有任何发展的原有的平等，而是新的更高层次的平等。其次，批判费尔巴哈的"幸福平等论"和巴枯宁的"阶级平等论"，指出平等具有阶级性。平等具有历史性，在阶级社会中则带有明显的阶级性。费尔巴哈认为，每个人都享有追求幸福的平等权利，并且这适合于任何时代和任何情况。针对费尔巴哈的这种观点，恩格斯反驳说，无论是在古代的奴隶社会还是中世纪的封建社会，奴隶和奴隶主之间、农奴和地主之间根本不存在追求幸福的平等权利，相反，被压迫者往往成为统治阶级追求幸福的牺牲品。虽然现代的资本主义社会在法律上承认每个人都享有平等的权利包括追求幸福的权利，但由于幸福的实现需要凭借一定的物质手段，因此对于只拥有基本生活资料的无产阶级来说，追求幸福的平等权利也只是徒有其

---

① 《马克思恩格斯选集》第 3 卷，人民出版社，2012，第 480 页。

名罢了。巴枯宁主张各阶级之间平等。针对巴枯宁的"阶级平等论"，马克思说："'各阶级的平等'。一方面要保留现存的阶级，另一方面又要使这些阶级的成员平等——这种荒谬见解一下子就表明这个家伙的可耻的无知和浅薄，而他却认为自己的'特殊使命'就是在'理论'上开导我们。"① 马克思通过分析劳动力的买和卖揭示了资本主义自由和平等的实质。他认为，资产阶级所宣扬的自由、平等只存在于在流通领域进行的劳动力的买与卖上，在这里，自由表现为劳动力的购买者和所有者买卖的自由，平等表现为劳动力买卖双方作为商品购买者和所有者发生关系并用等价物交换等价物；一旦离开商品流通领域，作为货币占有者的资本家和作为劳动力占有者的工人的地位就会发生根本变化，劳动力买卖的实质则是"资本家用他总是不付等价物而占有的他人的已经对象化的劳动的一部分，来不断再换取更大量的他人的活劳动"②。最后，批判拉萨尔主义的平等观，指出平等具有相对性。德国社会民主工党和全德工人联合会的合作纲领提出要消灭一切社会的和政治的不平等。针对这个充满拉萨尔主义色彩的纲领，恩格斯认为，由于不同地区、民族和国家在生活条件方面存在差异，因此不平等只能减少到最低限度而不能完全消除。社会主义制度不是完全平等的制度，社会主义平等实质上是消灭一切阶级差别。

马克思恩格斯指出无产阶级平等观的核心是消灭阶级。资产阶级是从封建时代的市民阶级发展而来的。随着地理大发现特别是工场手工业的发展，资本主义生产方式日益得到巩固，然而，社会的政治结构并没有随着社会经济条件的变化而发生相应的变化。"在经济关系要求自由和平等权利的地方，政治制度却每一步都以行会束缚和各种特权同它对抗。"③ 封建特权、差别关税、特殊法令都严重阻碍了资本主义工场手工业的发展，因此，新兴资产阶级就提出了废除封建特权、人人享有平等权利的主张，并

---

① 《马克思恩格斯选集》第 4 卷，人民出版社，2012，第 489 页。
② 《马克思恩格斯选集》第 2 卷，人民出版社，2012，第 264 页。
③ 《马克思恩格斯选集》第 3 卷，人民出版社，2012，第 483 页。

得到了本国农民阶级和其他国家资产阶级的积极响应。"社会的经济进步一旦把摆脱封建桎梏和通过消除封建不平等来确立权利平等的要求提上日程，这种要求就必定迅速地扩大其范围。"① 然而，作为与新兴资产阶级相伴而生的无产阶级要求的平等绝不仅仅是政治上的平等，在资产阶级革命取得胜利、资产阶级政权得以建立、资产阶级所主张的"自由、平等、博爱"日益暴露出其虚伪性后，无产阶级便提出了社会的、经济的平等要求。"平等应当不仅仅是表面的，不仅仅在国家的领域中实行，它还应当是实际的，还应当在社会的、经济的领域中实行。"② 无产阶级提出社会平等、经济平等要求，可能是出于现实中存在贫富对立、阶级压迫等不平等现象而产生的自发反应，也可能是受资产阶级平等要求的启发而产生的自觉要求。无论是上述何种情况，"无产阶级平等要求的实际内容都是消灭阶级的要求。任何超出这个范围的平等要求，都必然要流于荒谬"③。随着阶级的消灭，一切社会的和政治的不平等也将消除。

马克思恩格斯还对未来共产主义社会平等的内涵进行了原则性说明。随着资产阶级和无产阶级之间矛盾的日益尖锐，资本主义生产方式的内在矛盾即生产资料资本主义私有制和社会化大生产之间的矛盾日益暴露，最终引发了无产阶级革命。夺取政权后的无产阶级首先将大规模社会化的生产资料变为国家财产，建立生产资料公有制。然而，在以生产资料公有制为基础的共产主义第一阶段，由于生产力尚未高度发达，生活资料尚未达到极为丰富的程度，因而生活资料只能实行按劳分配。"每一个生产者，在作了各项扣除以后，从社会领回的，正好是他给予社会的。他给予社会的，就是他个人的劳动量。"④ 社会根据个人的劳动量，在作了必要扣除后，发给个人一张劳动凭证，个人以此为依据从社会储存中领取同等劳动

---

① 《马克思恩格斯选集》第3卷，人民出版社，2012，第483页。
② 《马克思恩格斯选集》第3卷，人民出版社，2012，第484页。
③ 《马克思恩格斯选集》第3卷，人民出版社，2012，第484页。
④ 《马克思恩格斯选集》第3卷，人民出版社，2012，第363页。

量的消费资料，即以一种形式的一定量劳动同另一种形式的同量劳动相交换。马克思认为共产主义第一阶段实行的这种以劳动为尺度的分配方式体现的是社会的进步，但是这种平等权利仍然是一种被限制在资产阶级框架内的"资产阶级权利"，原因主要有以下两点。第一，由于体力和智力上的差异，不同劳动者在劳动效率和能承受的劳动强度上是有差异的，因此，这种以劳动为唯一尺度的分配方式也是不平等的。正如马克思所说，劳动"不承认任何阶级差别，因为每个人都像其他人一样只是劳动者；但是它默认，劳动者的不同等的个人天赋，从而不同等的工作能力，是天然特权。所以就它的内容来讲，它像一切权利一样是一种不平等的权利"①。第二，由于每个人所供养的人数不同，提供相同劳动量的不同个人所实际享受的消费资料的数量是不等的。马克思认为，这种资产阶级权利"在经过长久阵痛刚刚从资本主义社会产生出来的共产主义社会第一阶段，是不可避免的"②，只有在共产主义高级阶段，在脑力劳动和体力劳动的对立消失、劳动成为人们生活的第一需要、每个人获得自由而全面的发展、社会生产力高度发达、集体财富的源泉充分涌流基础上，才能超越资产阶级权利的狭隘界限，建立一个各尽所能、按需分配的共产主义社会。

　　关于马克思主义创始人的平等思想，斯大林曾做过一个简要的概括。他说："马克思主义所了解的平等，并不是个人需要和日常生活方面的平均，而是阶级的消灭。这就是说：（一）在推翻和剥夺资本家以后，一切劳动者都平等地摆脱剥削而得到解放；（二）在生产资料转归全社会公有以后，对于大家都平等地废除生产资料私有制；（三）大家都有尽各人能力劳动的平等义务，一切劳动者都有按劳取酬的平等权利（社会主义社会）；（四）大家都有尽各人能力劳动的平等义务，一切劳动者都有各取所需的平等权利（共产主义社会）。同时，马克思主义认为，无论在社会主义时期或共产主义时期，各人的口味和需要在质量上或在数量上都不是而

---

① 《马克思恩格斯选集》第 3 卷，人民出版社，2012，第 364 页。
② 《马克思恩格斯选集》第 3 卷，人民出版社，2012，第 364 页。

且也不能是彼此一样，大家平等的。"①

2. 民主

马克思主义创始人在批判性地继承人类历史上一切关于民主的积极成果的基础上，以辩证唯物主义和历史唯物主义为指导，揭示了民主产生、发展和消亡的一般规律，论证了社会主义民主产生和发展的历史必然性，创立了马克思主义的民主观。

民主是一种国家形式和制度类型。马克思主义认为，国家是社会生产力发展到一定历史阶段才出现的，是阶级矛盾不可调和的产物，是一个阶级对另一个阶级的统治。这种阶级统治必然采取一定的统治方式，而民主制同贵族制、君主制等都是阶级统治的方式。马克思认为民主是"作为类概念的国家制度"②，列宁认为"民主是国家形式，是国家形态的一种"③。民主同国家一样是一个历史范畴，在不同的时代具有不同的内涵。恩格斯在致爱德华·伯恩施坦的信中曾指出，民主"这个概念每次都随着人民的变化而变化"④。民主属于上层建筑的范畴，具有鲜明的阶级性。马克思在批判巴枯宁关于人民的统治就是人民通过由人民选举出来的为数不多的代表来实行统治的错误观点时说："选举的性质并不取决于这个名称，而是取决于经济基础，取决于选民之间的经济联系。"⑤ 恩格斯在批判杜林时也指出，现代国家是资产阶级为了维护资本主义生产方式并保证其免受工人和个别资本家的侵犯而建立的政治组织，他说："现代国家，不管它的形式如何，本质上都是资本主义的机器，资本家的国家，理想的总资本家。"⑥

无产阶级民主的实质是人民当家作主。国家不是从来就有的，也不是外部强加于社会的一种力量，而是社会生产力发展到一定历史阶段的产

---

① 《斯大林选集》下卷，人民出版社，1979，第335页。
② 《马克思恩格斯全集》第1卷，人民出版社，1956，第280页。
③ 《列宁选集》第3卷，人民出版社，2012，第201页。
④ 《马克思恩格斯选集》第4卷，人民出版社，2012，第565页。
⑤ 《马克思恩格斯选集》第3卷，人民出版社，2012，第340页。
⑥ 《马克思恩格斯选集》第3卷，人民出版社，2012，第666页。

物。当生产力发展到一定历史阶段，社会分裂为两个不可调和的对立阶级。为了使相互冲突的对立面不至于在斗争中把自己和社会消灭，就需要一种凌驾于它们之上的力量即国家。掌握国家权力的机构和个人也就自然而然地凌驾于社会之上。无论是奴隶制国家、封建制国家还是资本主义国家都是如此。所不同的是，资产阶级在反对封建专制和特权的过程中，高举民主大旗，并在革命胜利后建立了以选举制、代议制和政党制等为主要内容的民主制度，同时在法律上赋予人民广泛的民主权利。然而，实行生产资料资本主义私有制，这就意味着这样的民主共和国仍然是资产阶级性质的民主共和国，享有民主权利的仍是占人口极少数的资产者，广大的无产者仍然处于被统治地位。因此，只有推翻资本主义生产资料私有制，建立生产资料公有制，才能还民主以本来面目，真正实现人民当家作主。"工人革命的第一步就是使无产阶级上升为统治阶级，争得民主。"① 无产阶级民主是人类历史上迄今为止最先进、最广泛的民主，是新型民主和新型专政的统一，是无产阶级和广大劳动人民当家作主、对少数敌人实行专政。建立政权后，无产阶级将利用自己手中的政权没收资产阶级的全部资本并使其归全社会共有。无产阶级政权的建立和生产资料公有制的确立，使阶级存在的社会条件不复存在。这样一来，阶级差别和阶级对立就被消灭了，无产阶级自身也被消灭了，作为阶级统治工具的国家及其形式也就成为多余的了。"那时，对人的统治将由对物的管理和对生产过程的领导所代替。"② 随着生产力的发展、阶级的消灭，国家也将消亡，民主愈加完全，它也就愈迅速地成为多余的东西，并最终自行消亡。

　　无产阶级民主是目的和手段的统一。民主是目的主要是针对无产阶级的阶段性目标而言的。无产阶级要想获得解放，首先就需要推翻资产阶级的政治统治，打碎资产阶级的国家机器，并建立无产阶级的政权。通过夺取政权，无产阶级上升为统治阶级，实现民主。然而无产阶级专政只是一

---

　　①　《马克思恩格斯选集》第1卷，人民出版社，2012，第421页。
　　②　《马克思恩格斯选集》第3卷，人民出版社，2012，第668页。

个过渡，"在资本主义社会和共产主义社会之间，有一个从前者变为后者的革命转变时期。同这个时期相适应的也有一个政治上的过渡时期，这个时期的国家只能是无产阶级的革命专政"①。无产阶级革命的最终目的是消灭阶级差别、消灭阶级本身，实现每个人自由全面的发展和全人类解放。马克思和恩格斯曾多次表示，无产阶级民主是实现无产阶级解放和人类解放的必要手段。马克思在总结 1848 年革命失败教训时指出，无产阶级专政"是达到消灭一切阶级差别，达到消灭这些差别所由产生的一切生产关系，达到消灭和这些生产关系相适应的一切社会关系，达到改变由这些社会关系产生出来的一切观念的必然的过渡阶段"②。恩格斯针对巴枯宁分子鼓吹工人运动应放弃政治的错误观点，明确表示无产阶级的政治统治是消灭阶级的手段。他说："我们要消灭阶级。用什么手段才能达到这个目的呢？这就是无产阶级的政治统治。"③ 后来，恩格斯在致菲力浦·范派顿的信中再次表达了无产阶级民主是手段的观点。恩格斯不仅强调无产阶级民主是实现无产阶级自身解放和人类解放的工具，而且还强调在建立无产阶级政治统治的过程中也需要发挥普选制等民主形式的作用。他说："照我的意见，应当这样说：无产阶级为了夺取政权也需要民主的形式，然而对于无产阶级来说，这种形式和一切政治形式一样，只是一种手段。在今天，如果有人要把民主看成目的，那他就必然要依靠农民和小资产者，也就是要依靠那些正在灭亡的阶级，而这些阶级只要想人为地保全自己，那他们对无产阶级说来就是反动的。"④ 从马克思恩格斯关于民主的众多论述中我们可以看出，尽管他们曾明确表示"争得民主"是无产阶级的重要目标，然而从总体上来说特别是相对于实现每个人自由全面发展的最终目标来说，民主只是一种手段。

---

① 《马克思恩格斯选集》第 3 卷，人民出版社，2012，第 373 页。
② 《马克思恩格斯选集》第 1 卷，人民出版社，2012，第 532 页。
③ 《马克思恩格斯选集》第 3 卷，人民出版社，2012，第 169 页。
④ 《马克思恩格斯选集》第 4 卷，人民出版社，2012，第 565 页。

3. 自由

自由是标示人的活动状态的范畴。自从人类产生以来，自由不仅是人类实践活动的目标指向和最终诉求，也是古今思想家思考的中心议题。马克思恩格斯运用历史唯物主义和剩余价值学说，深刻地批判了历史上特别是资产阶级思想家的自由思想，科学地揭示了自由的本质和基本特征，明确指出未来共产主义社会是一个每个人自由全面发展的社会，是一个自由人的联合体。

自由是对必然的认识和对世界的改造，核心要素是人的能力的发展。自由是一个人们能达成一定共识而又众说纷纭的话题：人们一致认为自由是相对于限制而言的，这种限制既有来自自然的，也有来看社会的；但人们对自由的本质和实现自由的条件各持己见，难以形成共识。关于自由的本质，主要有两种观点：一种观点认为，自由是对必然的认识；另一种观点则认为，自由是指意志自由，是人类精神活动特有的属性。马克思恩格斯在批判地继承前人关于自由本质的合理思想的基础上，提出了马克思主义的自由观。马克思恩格斯首先承认自由是对必然的认识，这里的必然不仅包括自然规律，而且还包括社会规律和思维规律，这是他们与旧唯物主义者一致的地方。但是，关于必然的认识只是自由内容的一部分，甚至可以说是不那么重要的一部分。"哲学家们只是用不同的方式解释世界，问题在于改变世界。"① 马克思主义是实践的哲学，这就决定了马克思主义的自由也必定是以实践为目的的自由，是对必然的认识与对世界的改造的统一。正如恩格斯所说："自由就在于根据对自然界的必然性的认识来支配我们自己和外部自然。"② 他批判了唯心主义的自由观，指出自由绝不在于在幻想中摆脱规律而独立，而在于认识规律并依据规律来实现人类自身的目的。意志自由也只能借助于对必然性的认识才能实现，"人对一定问题

---

① 《马克思恩格斯选集》第 1 卷，人民出版社，2012，第 136 页。
② 《马克思恩格斯选集》第 3 卷，人民出版社，2012，第 492 页。

的判断越是自由，这个判断的内容所具有的必然性就越大"①。后来，毛泽东在批判"左"倾路线时，明确提出自由是对必然的认识和对世界的改造。他说："'自由是必然的认识'——这是旧哲学家的命题。'自由是必然的认识和世界的改造'——这是马克思主义的命题。"② 作为对必然的认识和对世界的改造的自由，其核心要素就是人认识规律和改造世界的能力。要想实现人类的自由，必须提高人类认识规律和改造世界的能力。

马克思恩格斯深刻批判了资产阶级的自由观，明确指出自由的历史性、阶级性。自由所体现的是人类在实践活动中认识规律和改造世界的能力，人类的这种能力不是天生的，而是在后天的实践活动中逐渐形成的，并随着社会实践的发展而不断发展。这就决定了自由特别是社会自由具有历史性，在阶级社会中具有阶级性。处于上升时期的资产阶级在反对封建专制、建立资本主义制度的过程中，高举自由、平等和博爱的旗帜，并赋予公民以法律上广泛的自由权利，这对于促进人类社会的发展具有重要意义。但是，我们应该看到，由于生产资料资本主义私有制的存在，占人口绝大多数的劳动人民缺乏实现自由的能力和条件，这就决定了资产主义社会所宣扬的自由不可能是真正的自由，而只能是虚假的自由，资产阶级生产关系范围内的自由就是资本的自由。马克思在批判资产阶级关于自由贸易的谎言时，深刻地揭露了资本主义自由的本质。他说："先生们，不要一听到自由这个抽象字眼就深受感动！这是谁的自由呢？这不是一个人在另一个人面前享有的自由。这是资本所享有的压榨工人的自由。"③ 自由工人的存在是资本主义生产方式得以产生、存在和发展的前提，工人的自由是工人出卖劳动力的自由，除了劳动力之外他们一无所有。他们能够依据自己的意志决定将自己的劳动力廉价地出卖给资本家甲或资本家乙，仅此而已。虽然资本主义宪法赋予公民广泛的自由权

---

① 《马克思恩格斯选集》第 3 卷，人民出版社，2012，第 492 页。

② 《毛泽东著作选读》下册，人民出版社，1986，第 485 页。

③ 《马克思恩格斯选集》第 1 卷，人民出版社，2012，第 373 页。

利，但无产阶级所享有的各项自由权利总是附有条件的。马克思在批判1848 年法国资产阶级共和派制定的宪法时指出："宪法的每一条本身都包含有自己的对立面，包含有自己的上院和下院：在一般词句中标榜自由，在附带条件中废除自由。"① 资本主义宪法赋予公民结社自由，但"宪法所说的结社权显然只是指容许那些能与资产阶级统治，即与资产阶级制度相协调的社团存在"②；资本主义宪法赋予公民财产自由，但"对小资产者和小农说来，就是把他们的被大资本和大地产的强大竞争所压垮的小财产出卖给这些大财主的自由"③；资本主义宪法赋予公民婚姻自由，但"婚姻仍然是阶级的婚姻"④，婚姻自由只存在于阶级内部，真正的婚姻自由只有在消灭了资本主义私有制之后才能实现；资本主义宪法赋予公民信仰自由，但"资产阶级的'信仰自由'不过是容忍各种各样的宗教信仰自由而已"⑤。这些表明，资本主义制度下的自由是形式上的自由，具有鲜明的虚伪性。

第二节　中华文化传统价值观念

文明是一个国家、一个民族的灵魂。有着悠悠五千年历史的中华民族，创造了博大精深的中华优秀传统文化。已成为中华民族基因的中华优秀传统文化，深深根植于中国人的精神世界之中，并对中国人的思想方式、生活方式和行为方式产生着潜移默化的影响。因此，中国特色社会主义基本价值观念的凝练必须与中华优秀传统文化相结合，吸收中华传统文化中的优秀价值资源，从而为中国特色社会主义基本价值观念的研究提供理论基础。

---

① 《马克思恩格斯选集》第 1 卷，人民出版社，2012，第 682 页。
② 《马克思恩格斯选集》第 1 卷，人民出版社，2012，第 493 页。
③ 《马克思恩格斯选集》第 3 卷，人民出版社，2012，第 779 页。
④ 《马克思恩格斯选集》第 4 卷，人民出版社，2012，第 92 页。
⑤ 《马克思恩格斯选集》第 3 卷，人民出版社，2012，第 376 页。

一 中华文化传统价值观念的主要概况

传统价值观念是相对于近现代价值观念而言的。这里所说的中华文化传统价值观念实质上是指中国传统文化中的价值观念。"我们通常说的中国传统文化，是指以汉族为主体、多民族共同组成的中华民族在漫长的历史发展过程中创造的特殊文化体系"①，从具体时间上说，是指以 1840 年鸦片战争为界点的近代以前古典文化的总称。中华文化传统价值观念则是指蕴含于中国传统文化中的价值观念，从具体内容来说，是指以儒家价值观念为主导，包括墨家、道家、法家和佛家等各家各派在内的传统价值观念的总称。

中华文化传统价值观念从性质上来说属于以农耕经济为基础的农业文化。中国的大部分领土地处北温带，气候温和；中国东部濒临太平洋，西南临近印度洋，水分充足；中国境内有黄河和长江，湖泊盆地星罗棋布，土壤肥沃。这些优越的地理环境和气候条件，促进了农业的发展。尽管春秋战国时期还有牧业的残余，特别是在魏晋南北朝、辽夏金元时期游牧业曾一度对农业造成严重冲击，但从总体上来说，农业在传统中国一直居于主导地位。这就决定了包括价值观念在内的主导文化，都是以农耕自然经济为基础的农业文化。农耕经济以土地为主要生产资料，强调稳定安居，这就造就了中华文化的守旧性格；农耕经济是一种强调自给自足的经济形式，这就造就了中华文化的内敛性格。

中华文化传统价值观念从类型上来说属于以血缘宗法为基础的德性文化。在阶级产生以前，血缘关系是维系氏族、部落等社会组织的基本纽带。然而，在阶级和国家产生以后，血缘在维系社会组织中的作用及其表现形式主要取决于该社会中占据主导地位的物质生产方式。在漫长的中国历史中，血缘关系以及以血缘关系为基础的宗法制度之所以一直深深地影

---

① 肖前主编《马克思主义哲学原理》下册，中国人民大学出版社，1994，第 711 页。

响中华民族，直接原因在于中国传统社会在向现代社会转变的过程中传统血缘纽带解体不充分，根本原因则在于传统中国一直是以自给自足的小农经济为主导的社会。这种小农经济是以家庭为基本生产单位，准确地说是以家族为基本生产单位的经济形式。家族既是生产单位也是生活单位，主要依靠血缘关系来维系。血缘关系本质上是一种以情感为纽带的伦理关系，成员在家庭、家族中的身份和地位是由父子、夫妇等伦理关系确定的。同时，中国传统社会在社会政治结构上具有"家国同构"的特点，社会秩序是以家庭、家族的伦理秩序为蓝本而建构起来的，严格按照伦理秩序来调节各种社会关系，形成以嫡长子继承制、分封制、宗庙祭祀制等为主要内容的宗法制度，以"三纲五常"为核心的道德观念成为维系家庭、家族和社会正常运转的内在机制。这是就人与人的关系来说的。在人与自然的关系上，也是如此。"仁"是儒家的核心思想，"仁"是人之所以为人的根本，它不仅表现为爱亲人、爱朋友、爱人类，还表现为爱自然之物，"亲亲而仁民，仁民而爱物"（《孟子·尽心上》）。

中华文化传统价值观念在主客体相互关系上强调主客交融。价值关系是主体与客体之间的意义、效用关系。作为价值关系要素的主体、客体既相互区别又相互联系。首先，二者存在明显的界限，在特定的价值关系中主体就是主体，客体就是客体，二者不能混淆。其次，二者相互联系、密不可分。在特定的关系中，主体是相对于客体的主体，客体是相对于主体的客体，二者处于同一关系共同体中。在主客体相互关系上，中西文化价值观念各有侧重。西方文化价值观念比较注重主体、客体相互区别的一面，而中华文化传统价值观念则相对侧重主体、客体互相渗透、互为存在条件的一面，尤其强调主体对客体的作用。这体现在思维方式上，使得中华文化传统价值观念具有重辩证综合的特征；这体现在人与自然的关系上，使得中华文化传统价值观念具有重人伦轻自然的特征；这体现在人与人、人与社会的关系上，使得中华文化传统价值观念具有重和谐轻对抗的特征。这种主客相融的特征对人与人之间关系的影响体现在正反两个方面：从正面来说，人们比较重视人际关系的和谐，注重自己对他人的责任，就连国家的法律也以规定公民的义务为主要内容，体现了群体主义倾向；从负面来说，人们在人际交往中存在人我不分的情形，公私、人我界限模糊，往往使主体丧失了独立的人格。

二　中华文化传统价值观念的基本内容

中华传统价值观念主要体现在处理人与神、人与自然、个人与个人、个人与集体以及理与欲等诸方面的关系中。尽管关于如何处理这些关系存在不同的观点，但是，从总体上来说以人为贵、天人合一、三纲五常、义以为上、以理制欲等观念处于主导地位，构成了中国传统社会的主导价值观念。

1. 以人为贵

中国古代社会从总体上来说不属于宗教社会，而是伦理社会、道德社会。尽管在远古时代有自然崇拜、图腾崇拜，夏商周时期有天帝崇拜、祖先崇拜，汉代开始受到佛道二教影响，但从整体上来说，中国古代社会是一个伦理社会，人的问题是中国古代思想家关心和讨论的核心问题。"人为万物之灵，天地之间人为贵，是中国传统文化的基调。"① 在儒家理论中，人被赋予了极高的地位。儒家经典《礼记》如是说："人者，天地之心也，五行之端也。"（《礼记·礼运》）孔子在与弟子季路的谈话中说："未能事人，焉能事鬼？"（《论语·先进》）弟子樊迟问孔子何为知，孔子回答说知就是只管人事、远离鬼神。荀子则明确提出了"天地之间人为贵"的思想。他说："水火有气而无生，草木有生而无知，禽兽有知而无义。人有气、有生、有知，亦且有义，故最为天下贵也。"（《荀子·王制》）在他看来，人之所以贵于水火、草木、禽兽，就在于人不仅有气息、有生命、有智慧，更重要的是人有道德。汉代儒学家董仲舒则继承了

---

① 张岱年、方克立主编《中国文化概论》（修订版），北京师范大学出版社，2004，第290页。

荀子的"人最为天下贵"的思想。他说:"天地阴阳木火土金水九,与人而十者,天之数毕也。……起于天至于人而毕,毕之外谓之物,物者投所贵之端而不在其中,以此见人之超然万物之上而最为天下贵也。人下长万物,上参天地。"(《春秋繁露·天地阴阳》)东汉思想家王充则提出了"天地之性,人为贵"的思想,指出"天地之性,人为贵,贵其识知也"(《论衡·别通》)。宋明理学的代表人物朱熹继承了王充的这一思想,东汉思想家仲长统甚至明确提出了"人事为本,天道为末"(《全后汉文》卷八十九)的思想。从以上论述可以看出,中华文化传统价值观念在人与神的关系上坚持"以人为贵"的基本原则。

2. 天人合一

天人关系问题是贯穿中国古典文化的一根主线,思想家们在天人关系上持有不同观点,由此催生了众多的思想流派,他们推动中国文化不断发展。甚至有学者认为:"中国古代哲学可以称为'天人之学'。'天人之际'是中国哲学的总问题。"[①] 天人关系集中体现在天人之间是否具有同一性以及如何同一的问题上。关于天人之间是否具有同一性的问题,中国古代哲学主要有两种观点,即"天人相分"和"天人合一"。在中国古代思想史中,"天人相分"观点的代表人物有荀子、柳宗元。荀子最先提出了"天人相分"的思想。他反对孟子"知性则知天"的学说,认为自然界和人类社会各有其规律。他说:"天行有常,不为尧存,不为桀亡。应之以治则吉,应之以乱则凶。……受时与治世同,而殃祸与知世异,不可以怨天,其道然也。故明于天人之分,则可谓至人矣。"(《荀子·天论》)柳宗元反对董仲舒的"天人感应说",认为自然界有自然界发展变化的规律,人类社会有人类社会发展变化的规律,二者各行其道、互不相悖,提出了"天人不相预"的观点。尽管中国传统文化中出现过"天人相分"的观点,但从总体上来说居于主导地位的是"天人合一"的观点。虽然"天人合

---

① 张岱年:《文化与哲学》,教育科学出版社,1988,第4页。

一"概念在北宋时期才正式提出，但"天人合一"的思想则在先秦时期就产生了。"天人合一"的观点肇始于孟子的"知性则知天"。孟子认为道德不是后天习得的，而是先天赋予的，因此，孟子认为人性与天道是统一的。《礼记》则进一步提出了"参天化育"的主张。西汉著名儒学家董仲舒也提出了"天人之际，合而为一"的观点。他说："天亦有喜怒之气，哀乐之心，与人相副。以类合之，天人一也。"（《春秋繁露·阴阳义》）由此可以看出，董仲舒的"天人合一"观显得有些粗糙。与儒家"参天化育"的积极天人观不同，道家的天人观略显消极。道家认为自然界有其内在的规律，本身就处于完美的状态。因而，他们反对对大自然进行人为干预，庄子明确提出"无以人灭天"的主张。道家虽反对人为干预自然，但并不反对"天人合一"的观点。老子认为，世间万物都归于自然之性，指出"人法地，地法天，天法道，道法自然"（《老子》第二十五章）。庄子认为世界万物都是由气构成的，因而天人是统一的，明确表示"天地与我并生，而万物与我为一"（《庄子·齐物论》）。许多宋明理学思想家都提出了"天人合一"的观点，其中代表人物有北宋时期的张载和南宋时期的朱熹。张载是中国文化史上明确提出"天人合一"思想之第一人。"儒者则因明致诚，因诚致明，故天人合一，致学而可以成圣，得天而未拾遗人。"（《正蒙·乾称》）朱熹则以程颐的"四德"说为基础阐述了他的天人观。程颐认为乾卦具有四种基本性质即元亨利贞，朱熹则将"四德"与春夏秋冬四季、仁义礼智四母德联系起来，论证他的"天人合一"观点。他说："元者，生物之始，天地之德莫先于此，故于时为春，于人则为仁，而众善之长也。亨者，生物之通，物至于此莫不嘉美，故于时为夏，于人则为礼，而众美之会也。利者，生物之遂，物各得宜，不相妨害，故于时为秋，于人则为义，而得其分之和。贞者，生物之成，实理具备，随在各足，故于时为冬，于人则为智，而为众事之干。"（《周易本义》卷一）

3. 三纲五常

人我关系主要是一种个体与个体之间的关系。中国传统社会是一个伦理社会，人我之间的关系主要是通过处理父子、夫妇、兄弟、朋友、君臣等关系的一系列基本道德原则体现出来的。关于人我关系，儒家形成了一套以"仁"为核心、以"三纲五常"为基本内容的道德原则体系。"三纲五常"的形成经历了一个过程。孔子最早提出了以"知（智）仁勇"为主要内容的"三达德"；孟子则从人所具有的"四善端"即恻隐之心、羞恶之心、辞让之心、是非之心中引申出以"仁义礼智"为主要内容的"四母德"，并提出了每一个个体均关涉的五种关系即君惠臣忠、父慈子孝、兄友弟恭、夫义妇顺、朋友有信，简称"五伦"；法家管仲提出了以"礼义廉耻"为主要内容的"四维"德目；战国中期郭店楚墓竹简《五行》篇则提出了以"仁义礼智圣"为主要内容的"五行"德目，《六德》篇提倡"圣智仁义忠信""六德"；西汉时期的董仲舒则提出了"三纲"和"五常"的概念，并对其具体内容进行了阐释，使之成为维护封建社会等级秩序和专制制度的道德原则。在"三纲五常"的道德体系中，"仁"是核心，是处理一切关系最基本的原则，"仁"的本质为爱人，即仁者爱人；孝悌是根本，"孝悌也者，其为仁之本欤"（《论语·学而》）；忠恕是要求，是孝悌原则的引申之义和具体运用，既体现为"保家卫国"的责任意识，又体现为"己欲立立人，己欲达达人""己所不欲，勿施于人"的交往原则；礼是前提和保障，是家庭秩序和社会秩序得以正常维系的基本条件。综观整个中国传统社会，以"三纲五常"为基本内容的道德体系成为处理人我关系的基本价值观念。

4. 义以为上

个体与集体的关系在中国传统价值观念中体现为义利关系。关于义利关系，不同的流派有不同的观点。儒家从总体上来说秉持"义以为上"的原则，但不同流派的观点各有侧重。孔子、孟子坚持"以义取利"的原则。"富与贵，是人之所欲也，不以其道得之，不处也；贫与贱，是人之所恶也，不以其道得之，不去也。"（《论语·里仁》）荀子则持"先义后利"的观点，"先义而后利者荣，先利而后义者辱"（《荀子·荣辱》）。

当义利二者不可兼得时，儒家主张"舍身取义"，"生，亦我所欲也；义，亦我所欲也。二者不可兼得，舍生而取义者也"（《孟子·告子上》）。儒家相对重视"义"的内在价值即道德价值，墨家则相对重视"义"的外在价值即功利价值。墨子认为"万事莫贵于义"（《墨子·贵义》），但墨子所谓的"义"是以利为基础的，"义，利也"（《墨子·经上》）。墨家将功利原则作为评价主体言行的标准，提出的"尚贤""尚同""节用""非攻"等主张都是以功利原则为基础的。墨子还认为，道德高尚的人应该以兴天下之利为己任，"仁人之所以为事者，必兴天下之利，除去天下之害，以此为事者也"（《墨子·兼爱中》）。法家则提出了"尊君"的主张。在法家看来，追求功利是人的本性，人与人之间的关系完全是一种利益关系。"夫言行者，以功用为之的彀也。……今听言观行，不以功用为之的彀，言虽至察，行虽至坚，则妄发之说也。"（《韩非子·问辩》）为了维护整体的利益，就必须服从代表国家整体的君主的统治。在统治方式上，法家反对以仁义原则为基础的德治，认为行仁义只会带来不利的后果。"夫严家无悍虏，而慈母有败子，吾以此知威势之可以禁暴，而德厚之不足以止乱也。"（《韩非子·显学》）韩非子认为行仁义只会降低统治者的威信，主张用严刑峻法来管理国家。他说："夫严刑者，民之所畏也；重罚者，民之所恶也。故圣人陈其所畏以禁其邪，设其所恶以防其奸，是以国安而暴乱不起。吾以是明仁义爱惠之不足用，而严刑重罚之可以治国也。无捶策之威，衔橛之备，虽造父不能以服马；无规矩之法，绳墨之端，虽王尔不能以成方圆；无威严之势，赏罚之法，虽尧、舜不能以为治。"（《韩非子·奸劫弑臣》）宋明理学在义利关系上秉持"利寓义中"的观点，肯定人们对利益的追求，"圣人于利，不能全不较论，但不至妨义耳"（《二程集·河南程氏外书》卷七）。二程认为利与义紧密相联，只有尊重集体的利益才能最终实现个人利益。"正其义而利自在，明其道而功自在，专去计较利害，定未必有利，未必有功。"（《朱子语类》卷六八）如果人人都只顾自己个人的利益，最终只能是两败俱伤。"若切于好利，蔽于自私，求自益以损于人，则人亦与之力争，故莫肯益之，而有击夺之者矣。"（《二程集·周易程氏传》卷三）综观中国古典哲学关于义利关系的基本看法，总体来说"义以为上"的观点处于主导地位。

5. 以理制欲

理欲关系是义利关系的深层体现，义是理性的体现，利是欲的体现。儒家虽不绝对反对个人追求功利以满足欲望，"富而可求，虽执鞭之士，吾亦为之"（《论语·述而》），但从总体上来说更加强调人的道德修养和道德人格。孔子说："君子谋道不谋食……君子忧道不忧贫。"（《论语·卫灵公》）在儒家看来，每个人作为道德修养的主体是平等的即人人皆可为尧舜，每个人都享有道德自由，都可以通过自身的道德修养提升自己的道德境界，"为仁由己，而由人乎哉?"（《论语·颜渊》）无论是百姓还是君主都应该将修己养身作为立身之本，"自天子以至于庶人，壹是皆以修身为本"（《大学》第一章）。道德境界的提升一方面需要主体自省、慎独，"吾日三省吾身：为人谋而不忠乎?与朋友交而不信乎?传不习乎?"（《论语·学而》），"君子戒慎乎其所不睹，恐惧乎其所不闻。莫见乎隐，莫显乎微，故君子慎其独也"（《中庸》第一章）。另一方面则需要凭借外在的"礼"来约束、规范自己的言行，"不学礼，无以立"（《论语·学而》），"君子博学于文，约之以礼，亦可以弗畔矣夫"（《论语·雍也》）。儒家反对纵欲、主张节欲，道家则主张"无欲"。老子主张"见素抱朴、少私寡欲"，庄子则主张绝圣弃知、掷玉毁珠、焚符破玺甚至掊斗折衡。到程朱理学时期，理欲则完全对立起来，朱熹甚至提出"存天理，灭人欲"的主张。"存天理，灭人欲"的思想并不始自朱熹，早在《礼记·乐记》中就有"灭天理，穷人欲"的提法。北宋时期的张载亦有"反天理徇人欲"的说法，与张载处于同一时代的程颐更是提出了"灭私欲则天理明"的观点。他说："人心私欲，故危殆。道心天理，故精微。灭私欲则天理明矣。"（《二程集·河南程氏遗书》卷二四）朱熹在前人思想的基础之上提出了"存天理，灭人欲"的观点。

三 中华文化传统价值观念的理论特征

中华文化传统价值观念的基本特征与中国传统文化的基本特征密切相关。关于中国传统文化的基本特征，不同的学者持有不同的观点，如梁漱溟提出中国传统文化具有十四大特征，[①] 张岱年等提出中国传统文化具有七大特征，[②] 韦政通则提出中国传统文化具有十大特征，[③] 等等。以这些论述为依据，我们可以引申出中华文化传统价值观念具有以下特征。

1. 重群体轻个体

中华文化传统价值观念强调主客相融，反映到思维方式上就体现为关系思维，中国传统价值观念所具有的辩证综合、直觉体悟特征都只是这种关系思维的体现。比利时科学家普里戈金曾援引李约瑟的话说："西方科学向来是强调实体（如原子、分子、基本粒子、生物分子等），而中国的自然观则以'关系'为基础。"[④] 事实上，这种关系思维不仅影响了中国人的自然观，而且还影响了中国人的道德观。张岱年等曾说，在中国传统社会中，"个体价值的实现、个体道德精神境界的升进，寄托于整体关系的良性互动"[⑤]。这种关系型思维方式使得中华文化传统价值观念呈现出重群体轻个体的价值倾向。

在中国传统文化中，关于群体与个体之间的关系主要有两种取向，一是以儒墨法为代表的群体取向，二是以道家为代表的个体取向。儒家虽然肯定个体价值，但儒家所谓的个体价值主要是指个体的内在价值即道德价值，并且个体内在价值的实现也是为了实现社会价值。正如孔子所说的

---

① 梁漱溟：《中国文化要义》，上海人民出版社，2011。

② 张岱年、方克立主编《中国文化概论》，北京师范大学出版社，2004。

③ 韦政通：《中国文化概论——对传统文化的解析》，水牛出版社，1973。

④ 〔比〕伊·普里戈金：《从存在到演化：自然科学中的时间及复杂性》，曾庆宏等译，上海科学技术出版社，1986，"中文本序"第3页。

⑤ 张岱年、方克立主编《中国文化概论》，北京师范大学出版社，2004，第292页。

"修己以安人"（《论语·宪问》），个体修身养性的目的是实现社会的安定有序。由此可以看出，儒家坚持以群体为根本价值取向。和儒家一样，墨家的"兼爱"和"尚同"原则都体现了其群体价值取向。墨家主张"兴天下之利，除天下之害"，这是其"兼爱"原则在人与人之间关系上的具体体现；主张"上之所是，必皆是之；所非，必皆非之"（《墨子·尚同》）。这种"尚同"虽然是一种下对于上的单向服从，但也体现了墨家的群体价值倾向。法家则提出了"废私""尊君"等原则。在他们看来，作为"虚幻整体"的君主代表的是全体民众的整体利益，当个体与整体之间发生利益冲突时，百姓就需要服从君主的统治。正是从这个前提出发，法家主张用作为君主意志体现的法律来规范个体的言行，即"夫立法令者，以废私也"（《韩非子·诡使》）。这种以整体之公利排斥个体之私利的价值原则带有明显的群体主义倾向。与儒墨法强调群体原则不同，道家着重关注个体价值。虽然儒家也强调个体原则，但儒家意义上的个体是道德主体，注重的是个体内在方面的德性修养，在外在方面则以仁义等道德原则来规范言行。道家反对儒家以普遍的道德准则来规范个体，认为这是对个体原有本性的抑制。"待钩绳规矩而正者，是削其性者也"，"自虞氏招仁义以挠天下也，天下莫不奔命于仁义，是非以仁义易其性也？"（《庄子·骈拇》）由此可以看出，道家所谓的个体是未受任何社会规范影响的本真意义上的个体即生命主体。"吾所谓藏者，非所谓仁义之谓也，在其性命之情而已矣。"（《庄子·骈拇》）在道家看来，个体作为生命存在，应该得到应有的尊重。个体的言行需奉行"保身全生"的原则，即"为善无近名，为恶无近刑，缘督以为经，可以保身，可以全生，可以养亲，可以尽年"（《庄子·养生主》）。道家所说的个体是具有个性的个体，"天下欣欣焉人乐其性"（《庄子·在宥》）。道家所追求的逍遥之境，实质上是一种超越外在限制、个性得到发展的自由之境。道家的个体原则和逍遥境界在历史上产生了重要影响，魏晋时期自我中心主义曾一度盛行，如嵇康、阮籍等主张"舒其意，逞其情"，并提出"超世而绝群，遗俗而独往"

（《大人先生传》）的主张，《列子》甚至提出"亦不以众人之观易其情貌，亦不谓众人之不观不易其情貌。独往独来，独出独入，孰能碍之"（《列子·力命》），将自我中心主义推向了极端。然而，从整体上来看，儒家、墨家、法家所主张的群体原则成为中华文化传统价值观念的主导原则，就连佛教在中国化过程中也包含有群体的意识，这足以体现群体原则在中国影响至深。

2. 重德治轻法治

社会是一个由一系列要素组成的有机体。从纵向来说，社会有机体包括生产力、生产关系、经济基础、上层建筑等内容；从横向来说，社会有机体包括经济、政治、文化、社会等领域；从活动主体来说，社会有机体包括个人、家庭、集体、国家、民族等。任何社会有机体要使其内部诸要素处于健康有序的运行状态，就必须凭借一定的机制对诸要素进行有效的整合和调节。迄今为止，人类社会借以调节不同主体、不同领域活动的机制只有两种，即道德和法律。如果一个社会将道德作为调节机制，那么我们可以称其为德治社会；如果一个社会将法律作为调节机制，那么我们可以将其称为法治社会。

从价值观念史的角度来说，中国传统社会既存在过法治主张，也存在过德治主张。前者以法家为代表，后者以儒家为代表。法家的代表人物是战国时期的韩非。但韩非之前的李悝、吴起、商鞅、申不害等人则是法家的先驱人物。他们反礼反传统，贱仁义贵法力，既言术也言势，这些都对法家思想的形成产生了深远影响。韩非的理论是以性恶论为基础的。韩非认为，人人生来都是自私自利之徒，即"好利恶害，夫人之所有也"（《韩非子·难二》）。以性恶论为基础，韩非坚决反对周文传统和儒家旧礼，认为以仁义等道德原则治理国家不仅不利于树立统治者的威信，而且还会最终扰乱社会秩序，"行义示则主威分，慈仁听则法则毁"（《韩非子·八经》）。因此，韩非坚决主张以法治国，并提出了一套集法术势于一体的完备的法家理论。韩非认为，以赏罚为主要内容的法是衡量一切事物价值有无的唯一标准，"故赏善罚暴，举善之至也；赏暴罚贤，举恶之至者也"（《韩非子·八经》）。韩非认为法必须具有统一性、公平性和强制性，同时运用法需要讲究策略，需要与权力相结合。但韩非的法是以"尊君"为前提的，而不是以人民的需要和利益为前提的，相反人民的需要和利益应以法为唯一的标准。尽管以韩非的思想为代表的法治主张在中国历史上产生过重要影响，并一度成为秦国的主导思想，但从总体上说，无论是在理论上还是实践上占据主导地位的都是以宗法制度为主要内容的礼治传统。中国传统社会是以自给自足的小农经济为基础、以宗法血缘关系为纽带的伦理社会，中国传统社会生产和生活的基本单位是家族。家族是靠血缘亲情关系建立和维系的，并依血缘远近、年龄大小、辈分来划分其成员的地位尊卑，由此形成了一套以家长制为核心的家族制度。传统中国社会是一个家国同构的社会，以家长制为核心的家族制度政治化推动形成了以嫡长子继承制为核心的宗法制度。中国古代的宗法制度最早产生于殷商后期，西周时期的周公建立了一套以嫡长子继承制、分封制、祭祀制等为主要内容的体系完整、等级森严的宗法制度。尽管在春秋战国时期周公确立的宗法制度曾一度式微并在秦王朝时期遭受重大冲击，但到西汉时期"独尊儒术"政策的推行又使宗法制度得到了进一步的强化和发展。宗法制度的实质是礼治，礼成为维系社会正常运转的唯一法则。"道德仁义，非礼不成；教训正俗，非礼不备；分争辩讼，非礼不决；君臣上下，父子兄弟，非礼威严不行；祷祠祭礼，供给鬼神，非礼不诚不庄"（《礼记·曲礼》），以礼为核心的宗法制度集中表现为对"内圣外王"理想的追求。中国古代社会的德治传统对后世甚至对于今天的中国人都产生了深远影响。正如梁启超所说："吾中国社会之组织，以家族为单位，不以个人为单位，所谓家齐而后国治是也。周代宗法之制，在今日其形式虽废，其精神尤存也。"[①]

---

① 梁启超：《饮冰室合集》第 5 册，中华书局，1989，第 121 页。

3. 重民本轻民主

中国传统社会是一个以自给自足的小农经济为基础的农业社会。受生产力发展水平、地理环境和交通条件的限制，商品经济未能得到充分发展。同时，农民占社会总人口的绝大多数，鉴于历朝历代兴亡的历史教训，统治者们日益意识到农民的重要作用，由此在中国传统文化中产生了丰富的民本思想。《尚书》指出"民惟邦本，本固邦宁"（《尚书·五子之歌》），把民看作国家的根本，最早表达了以民为本的思想。孟子说"民为贵，社稷次之，君为轻"（《孟子·尽心下》），认为在民、社稷和君主中，民是最重要的。老子说，"圣人无常心，以百姓心为心"（《老子》第四十九章），强调统治者应该以百姓的诉求和意愿为出发点。管仲认为，"政之所兴，在顺民心；政之所废，在逆民心"（《管子·牧民》），强调政权的立废、国家的兴衰取决于是否得民心、顺民意。荀子说，"天之生民，非为君也。天之立君，以为民也"（《荀子·大略》），意指不是百姓服务于君主，而是君主服务于百姓。汉代贾谊说："民无不为本也。"（《新书·大政》）唐太宗认为"天地之大，黎元为本"。这里的"黎元"就是指百姓。明末清初，民本思想得到进一步发展。黄宗羲表示："天下为主，君为客，凡君之所毕世而经营者，为天下也"，"我之出而仕也，为天下，非为君也；为万民，非为一姓也"（《明夷待访录·原君》）。他不仅指出天下的黎民百姓是国家的根本，而且还指出君主和臣子都应该为百姓服务。与黄宗羲同时代的还有顾炎武、王夫之，他们都强调，君主为一姓之私而集权力于一身是历代乱政、弊政的根源。尽管中国传统价值观念中有丰富的民本思想，但从本质上看，民本思想不能等同于近现代意义上的民主观念。近现代意义上的民主观念是工业文化特别是商品经济的产物，它是以个体为本位，以自由、平等为前提的价值观念，其本质是强调人民的统治。虽然中国古代文化中的民本思想强调百姓是根本，君主应该重民心、顺民意，为百姓服务，但这只是封建地主阶级的一种统治策略而已，其前提是封建地主阶级是统治阶级，其目的是维护封建地主阶级的统治。正如金耀基先生所说："盖中国历史上有民本思想，但未有民主思想也。……民本思想与民主思想，虽相似但非同一，虽可通但非一物，民本思想不必有民治之精神，民主思想则以民治为基点，两者虽只隔一门，但光景固有不同也。"① 因此，我们可以认为中华文化传统价值观念重民本轻民主。

第三节　西方文化近现代价值观念

中国特色社会主义基本价值观念的凝练不能也不可能离开人类文明大道而独行其是。同时，当代中国在经济上确立了建立和完善社会主义市场经济体制的改革目标，市场在资源配置中起决定性作用。这就意味着我们应该合理借鉴以市场经济为基础的西方文化近现代价值观念。因而，全面把握西方文化近现代价值观念的总体概况、主要内容和基本特征，对于我们建构符合人类社会发展方向的中国特色社会主义基本价值观念具有重要意义。

一　西方文化近现代价值观念的总体概况

中国特色社会主义基本价值观念的凝练不仅需要坚持马克思主义经典作家关于未来社会的价值理想，批判地继承中华文化传统价值观念，而且还要合理借鉴人类社会优秀的文明成果，特别是要借鉴西方文化尤其是西方近现代文化中的优秀价值观念。所谓的"西方文化近现代价值观念"，从时间上看主要是指文艺复兴运动特别是启蒙运动以来在西方居于主导地位的价值观念；从地域上说主要是指欧洲和北美洲的美国、加拿大等地的价值观念；从内容上说，西方文化近现代价值观念是指源于古希腊罗马时

---

① 金耀基：《中国民本思想史》，法律出版社，2008，第16~17页。

期的古典文化、基督教思想，萌发于文艺复兴运动、启蒙运动，形成于英国资产阶级革命、美国独立战争、法国大革命时期并影响至今的主导价值观念。

西方文化近现代价值观念从本质上说属于以商品经济为基础的工业文化。中国传统文化以自给自足的小农经济为基础，而西方文化则是以商品经济为基础的文化形态。尽管在西方曾出现过以自给自足的小农经济为主的时代和国家，如斯巴达、罗马帝国等，但从总体上来说，西方文化是一种商业文化。尽管西方文化的这种特征从根本上说是由社会生产力的发展水平决定的，然而西方独特的自然条件也是重要的影响因素。欧洲地势相对平坦，陆上交通发达；海岸线曲折绵长，岛屿密布，深水良港较多，有利于航海业的发展。这就为商业的发展提供了得天独厚的地理条件。同时，由于自然条件的差异，地区之间的农业发展不平衡，如两河流域虽然土地肥沃但雨水季节分配不均，并且自然资源也相对匮乏，这就使得发展商业成为当地人们获得生活资料的必要途径，新巴比伦王国就以当地盛产的农作物、手工业品换取当地所缺乏的金属、原材料等物品。虽然西方自古至今都较为重视商业的发展，但商业在不同时期具有显著的不同特点。近代之前的商业是以农产品、工艺品为主要内容的调剂余缺式的长途贩运型商业，并且主要限于区域内部和区域之间。近代以来的商业主要是以工业制造业为基础的现代商业，西方形成以某些城市为中心的现代商业区，如欧洲曾形成了以佛罗伦萨、伦敦等城市为中心的现代商业区。因此，准确地说，西方文化近现代价值观念是以现代工商业为基础的观念体系。虽然理性、民主、自由、法治等西方文化近现代价值观念萌发于古希腊罗马时期，但严格意义上的以个人主义为核心的西方文化近现代价值观念则是现代工商业发展的产物。正是资本主义生产方式的萌芽，引发了文艺复兴运动、宗教改革运动和启蒙运动，从而为西方文化近现代价值观念的形成作了理论准备；正是资本主义生产方式的发展，引发了英国资产阶级革命、美国独立战争、法国大革命，从而确立了民主、自由、人权在西方文化近现代价值观念中的主导地位。因此，西方文化近现代价值观念属于工业文化型的价值观念体系。

西方文化近现代价值观念从类型上说属于以求知为主的理性文化。理性是西方文化的核心。尽管宗教在西方文化中居于举足轻重的地位，尤其是基督教曾在中世纪居于绝对主导地位，但从总体上来说，西方文化是一种理性文化。即使是在神学居于主导地位的中世纪，以托马斯·阿奎那为代表的经院哲学家也要借用理性来论证上帝存在和构建神学理论体系。古希腊哲学家赫拉克利特"逻各斯"概念的提出，是西方理性文化传统的开端。西方文化的一个重要特征就是以求知为取向，这不同于中国传统文化的治世取向。正如亚里士多德所说："古今来人们开始哲理探索，都应起于对自然万物的惊异；他们先是惊异于种种迷惑的现象，……一个有所迷惑与惊异的人，每自愧愚蠢（……）；他们探索哲理只是为想脱出愚蠢，显然，他们为求知而从事学术，并无任何实用的目的。"① 西方文化的求知取向在不同发展阶段具有不同的侧重点。在古希腊罗马时期主要侧重于本体论，注重从自然本身探讨世界的本源，这一时期侧重于探讨世界本源的最著名的学派就是以泰勒斯为主要代表的"米利都学派"。泰勒斯认为世界万物都是由水构成的，一切皆生于水并最后归于水，他是历史上第一个用自然本身来解释自然的人；阿那克西美尼则认为物质世界是由气组成的，气的收缩与扩散衍生了世界万物；德谟克利特提出世界是由原子构成的，进而将希腊的自然哲学推到巅峰。近代以来则侧重于认识论，不仅包括对自然界的认识，而且还包括对人和社会的认识。从人与自然关系的角度来看，这种求知传统推动了自然科学的飞速发展，推动了科技革命（工业革命）的发生。这种求真精神体现在人和社会的研究中就是注重运用科学的分析方法得出合理的结论，柏拉图和亚里士多德将政治学的研究引向科学化阶段就是一个明证。中国有学者在论述中国传统文化时说，它"不

---

① 〔古希腊〕亚里士多德：《形而上学》，吴寿彭译，商务印书馆，1959，第5~6页。

向纵深的抽象、分析、推理的纯思辨方向发展，也不向观察、归纳、实验的纯经验论的方向发展，而是横向铺开，向事物之间相互关系、联系的整体把握方向开拓"①。

西方文化近现代价值观念在思维方式上强调主客相分。如前所述，中华文化传统价值观念在思维方式上强调主客相融，这种思维方式体现在价值观念上就是强调人与自然和谐、人我不分和整体主义倾向。与此相反，西方文化总体上更加强调主客相分。从深层次上来说，西方文化以认知为取向的理性传统源于西方文化主客相分的思维方式，这种思维方式体现在逻辑学方面就是形成了系统的形式逻辑体系。形式逻辑的创立者是亚里士多德，他认为"应该分析一个组合物为非组合的单纯元素——这就得把它分析到无可再分析的最小分子"②，并主张将这一方法运用于政治学的研究中，认为"对政治或其他各问题，追溯其原始而明白其发生的端绪，我们就可获得最明朗的认识"③。形式逻辑主要强调事物之间界限分明、绝对对立，你就是你，我就是我，二者不能混淆，这源于当时的科学还处于分门别类的分析阶段，还没有进入综合整理阶段。这种思维方式虽然极大地推动了西方世界科学技术和民主政治的发展，但是它本身也有缺陷，即不能把不同的事物联系起来进行总体观照。许多西方思想家都对亚里士多德所创立的形式逻辑的这种缺陷进行了批判。培根认为亚里士多德"以他的逻辑败坏了自然哲学：他以各种范畴铸出世界"④，提倡由个别上升到一般的归纳法。与西方文化以形式逻辑分析和推演见长相反，中国传统文化则以整体直观和辩证思维见长。正如英国科学家李约瑟所说："当希腊人、印度人很早就考虑形式逻辑的时候，中国则一直倾向于发展辩证逻辑。"⑤ 中国哲学家冯契指出，"在西方，长期以来，科学与

---

① 李泽厚：《中国古代思想史论》，人民出版社，1985，第164页。
② 〔古希腊〕亚里士多德：《政治学》，吴寿彭译，商务印书馆，1965，第4页。
③ 〔古希腊〕亚里士多德：《政治学》，吴寿彭译，商务印书馆，1965，第4页。
④ 〔英〕培根：《新工具》，许宝骙译，商务印书馆，1984，第35页。
⑤ 张岂之：《21世纪关于传统文化应深入研究的几个话题》，《新华文摘》1999年第9期。

形式逻辑的关系密切，而中国古代哲学、科学的发展则与辩证逻辑的关系更为密切"①。西方文化这种主客相分的思维方式体现在价值观念方面，就是在人与自然的关系上，强调人类对自然界的认识、利用和改造，强调人定胜天；在人与人的关系上，表现出重个体轻整体、重自由轻平等的价值倾向。

二　西方文化近现代价值观念的主要内容

西方文化近现代价值观念主要体现在处理人与神、人与自然、个人与个人、个人与集体等诸方面的关系中。综观近现代西方文化史，西方的价值观念主要包括以人为本、天人相分、自由、平等、民主等。

1. 以人为本

关于对人与神关系的认识，西方文明经历了三个阶段。第一个阶段是从西方文明伊始至西罗马灭亡，在这一阶段以神为本与以人为本并存，以神为本处于相对优势地位。以神为本主要存在于近东文明之中。无论是在两河流域文明、古埃及文明还是在希伯来文明中，宗教均居于重要地位。在近东文明中，无论是信仰多神教还是一神教的文明，都认为神不仅是世间万物的创造者，而且还是至高无上的，世间的一切生灵都要服从并服务于各种神灵，并由神来保护。神不仅为自然界立法，而且也为人类社会立法。与近东文明将关注的焦点锁定在神身上不同，希腊文明则第一个将人类自身视为宇宙的中心。尽管希腊文明也有宗教和神，但是希腊宗教中的神具有明显的人化倾向，因此希腊文明体现出较为鲜明的以人为本的人文主义色彩。人文主义思想源于普罗泰戈拉。他说："人是万物的尺度，是存在的事物存在的尺度，也是不存在的事物不存在的尺度。"② 苏格拉底则将哲学研究从探讨自然的本原转向探讨人类自身，他认为人类专注研究自

---

① 《冯契文集》第 2 卷，华东师范大学出版社，1996，第 140 页。

② 北京大学哲学系外国哲学史教研室编译《古希腊罗马哲学》，生活·读书·新知三联书店，1957，第 133 页。

然是不务正业。第二个阶段是中世纪，在这一阶段以神为本的观念处于绝对支配地位。基督教在中世纪的欧洲社会占据统治地位，成为欧洲当时的绝对权威。古希腊的人本传统已不复存在，人成为实现上帝目的的工具。第三个阶段即从文艺复兴至今，在这一阶段以人为本的观念居于主导地位。文艺复兴运动高扬人文主义旗帜，宣扬人性，贬斥神性；肯定人的价值，宣扬人生而平等；肯定人对现世财富和幸福的追求，财富、自由、民主和幸福成为人文主义者的普遍价值追求。宗教改革运动使得宗教信仰成为个人的事情，个人摆脱了教权、教会的控制。自然科学的进步使得人们对宗教的本质有了更加深刻的认识，从而使得宗教在社会生活中的作用大大减弱。这些都使人的主体地位得以彰显，从而确立了人本观念在西方文化近现代价值观念中的主导地位。当然，这并不是否定宗教的存在，相反，宗教在西方的社会和文化中仍具有重要的作用。正如英国哲学家道森所说："如果我们因而把一种文化作为一个整体来研究，我们将会看到，在它的宗教信仰与它的社会成就之间有着一种内在的关系。甚至一种很明显地属于彼岸世界、似乎是否定人类社会的所有价值和标准的宗教，仍然会对文化产生刺激作用，并在社会变革运动中提供推动力。劳德·阿克顿说过，'宗教是历史的钥匙'，在今天，当我们意识到无意识对人类行为所产生的巨大影响，以及抑制和缓和这些潜在力量的宗教力量的时候，阿克顿的格言获得了比他所能意识到的更广泛的含义。"[①]

2. 天人相分

在西方社会早期，人类自我意识尚未形成，人与自然浑然一体，因而人与自然的关系也就不可能成为人类的关注点。古希腊哲学关注的核心问题是自然的本原问题，即使有和谐思想的火花也是从宇宙的角度来讲的。在中世纪，人与自然的关系更是被湮没在人与神的关系之中。近代以来，由于文艺复兴运动、宗教改革运动和启蒙运动的兴起，特别是自然科学的

---

① 〔英〕克里斯托弗·道森：《宗教与西方文化的兴起》，长川某译，四川人民出版社，1989，第5页。

重大突破，人的自我意识不断强化、主体性不断提高，人与自然的关系同人与人的关系一起成为人类关注的焦点。但是，这个时期人与自然的关系主要是一种主客二分的关系。人是认识的主体，自然界是认识的客体；人是主动的，自然界是被动的；人处于支配地位，自然界处于被支配地位。但人类要支配自然界，就必须首先认识自然界。因此，英国哲学家弗兰西斯·培根提出了"知识就是力量"的口号。罗素曾这样评价培根的观点："培根哲学的全部基础是实用性的，就是借助科学发现与发明使人类能制驭自然力量。"① 德国古典哲学家康德认为人是自然界的立法者，提出"你的行动，要把你自己人身中的人性，和其他人身中的人性，在任何时候都同样看作是目的，永远不能只看作是手段"②。人与自然之间主客二分的关系促进了近现代以来自然科学的快速发展，但与人类对自然的巨大胜利相伴随的是人类与自然冲突的加剧。"由于这些变化，人类确实一下子获得了意想不到的知识与力量。可是，人类陶醉于这种成就，认为这正是自己是万物的中心的证明。……人们还过多地滥用和浪费这种力量和智慧。整个环境因此而发生了异常的变化。"③ 这种异常变化体现在自然方面就是生态环境的污染与破坏，体现在社会方面则是科学技术对人的异化、两次世界大战的爆发等。加拿大左翼生态学者莱斯说："由于企图征服自然，人与自然环境以及人与人之间为满足他们的需要而进行的斗争趋向于从局部地区向全球范围转变。……地球似乎成了人类进行巨大的自我竞技的舞台，人们为了实行对自然力的有力控制而投入了激烈的纷争。"④ 人与自然之间的这种冲突引起了人类的关注，这样就催生了人与自然协调发展的主张。但是需要指出的是，尽管在古典时期特别是在当代西方存在人与自然

---

① 〔英〕罗素：《西方哲学史》下卷，马元德译，商务印书馆，1976，第66页。

② 〔德〕伊曼努尔·康德：《道德形而上学原理》，苗力田译，上海人民出版社，2012，第37页。

③ 〔日〕池田大作、〔意〕奥锐里欧·贝恰：《二十一世纪的警钟》，卞立强译，中国国际广播出版社，1988，第158页。

④ 〔加〕威廉·莱斯：《自然的控制》，岳长龄、李建华译，重庆出版社，1993，第140页。

和谐相处的主张，但在西方近现代时期在人与自然的关系上，"天人相分"的观念居于主导地位。

3. 自由

自由是西方近现代社会首要的价值观念。自由是相对于奴役而言的，从一般意义上讲，自由是"一个人根据自己的意愿进行思考或行动的能力"①。综观西方文明史特别是西方近现代思想史，近现代意义上的自由观念经历了一个发展过程。近代以来，西方人所谓的自由主要是指个人自由，这种以个人为主体的自由观念经历了一个较长的发展过程。在近代以前，自由主要是指团体自由。古希腊是由城邦组成的，在城邦中，只有具有本邦血统的成年男性公民才享有全部政治权利，奴隶、外邦人和妇女则不享有自由权利。这种自由不仅是一种团体自由，而且还是一种只有少数人才享有的权利。到了17世纪，自由才由团体性质的政治权利转变为个人性质的政治权利，才从少数人的政治权利发展为每一个人所应享受的政治权利。同时，古希腊和古罗马时期的自由主要表现为以自主、自治为主要内容的政治自由以及由其衍生出来的言论自由，同时还涉及个人的社会自由。比如伯里克利说："当我们隔壁邻人为所欲为的时候，我们不至于因此而生气；我们也不会因此而给他以难看的颜色，以伤他的情感，尽管这种颜色对他没有实际的损害。在我们私人生活中，我们是自由的和宽恕的。"② 基督教在罗马帝国时期和中世纪一统天下，严重束缚了人们的思想，使得近代以来的西方人不仅关注政治自由，而且更加重视思想自由和信仰自由。思想自由是启蒙运动的旗帜。狄德罗曾说："人们在问，言论、出版自由对国家有利还是不利，其回答并不难。在所有以自由为基础的国家中，维护这种自由都具有最最重要的意义。……它应成为世界性的普通

---

① 〔英〕安德鲁·海伍德：《政治学核心概念》，吴勇译，天津人民出版社，2008，第160页。

② 转引自〔古希腊〕修昔底德《伯罗奔尼撒战争史》上册，谢德风译，商务印书馆，1960，第130页。

权利，而且显然应当建议所有的政府都实施这一自由。"① 斯宾诺莎更是宣
称言论和思想自由是人最基本的权利。宗教信仰自由是近现代自由观念的
重要内容。罗素曾表示："为自由的斗争是从宗教问题上开始的，也是在
宗教问题上得到一个几乎彻底的胜利。"② 基佐也认为宗教改革运动"是一
次人类心灵追求自由的运动，是一次人们要求独立思考和判断迄今欧洲从
权威方面接受或不得不接受的事实和思想的运动。这是一次人类心灵争取
自治权的尝试，是对精神领域内的绝对权力发起的名副其实的反抗"③。西
方近现代自由观念的一个重大进展就是以自由竞争为基础的现代市场经济
的出现及其主导地位的确立，这不仅是西方自由传统在经济领域的体现，
而且也为现代自由主义的发展奠定了现实基础。

4. 平等

人人生而平等，这一思想最早起源于宗教神学，它认为人都是由上帝
创造的，因而都是平等的。基督教思想家保罗说："就如身子是一个，却
有许多肢体，并且肢体虽多，仍是一个身子。基督也是这样。我们不拘是
犹太人，是希利尼人，是为奴的，是自主的，都从一位圣灵受洗，成了一
个身体，饮于一位圣灵。"(《圣经·罗马书》第12章）这种人人同根同体
的思想蕴含了人人平等的观念。中世纪后期，斯多葛派依据自然法理论和
理性原则，认为每个人都享有精神自由，无论主人与奴隶、本邦人与外族
人、男人与女人、贵族与平民、穷人与富人都是如此，成为西方思想史上
最早提出人人平等思想的学派。这为近代自由主义和人权理论的产生奠定
了思想基础。正如罗素所说："像十六、十七、十八世纪所出现的那种天
赋人权的学说也是斯多葛派学说的复活。"④ 后来，西塞罗又依据自然法理
论提出人人自然平等的思想，由此西方近现代的人权观念得以确立。但这

---

① 〔美〕斯·坚吉尔译《丹尼·狄德罗的〈百科全书〉（选译）》，梁从诫译，辽宁人民出
　　版社，1992，第298~299页。
② 〔英〕柏特兰·罗素：《社会改造原理》，张师竹译，上海人民出版社，1959，第13页。
③ 〔法〕基佐：《欧洲文明史》，程洪逵、沅芷译，商务印书馆，2005，第219页。
④ 〔英〕罗素：《西方哲学史》上卷，何兆武、李约瑟译，商务印书馆，1963，第347页。

些平等主要限于政治平等和法律平等。亚里士多德认为"一种政体如果要达到长治久安的目的，必须使全邦各部分（各阶级）的人民都能参加而怀抱着让它存在和延续的意愿"①。法国思想家西耶斯曾说："我将法律比作一个庞大球体之中心；所有公民无一例外，在圆周上均与中心保持同等距离，所占位置相等；所有的人都同等地依存于法律，所有的人都将其自由与财产交由法律保护；这就是我所称的公民的普通权利，在这点上他们彼此全部同类。"② 法律面前人人平等的观念已经成为西方文化近现代价值观念的核心内容，并对西方国家乃至整个世界的政治运行和制度设计产生了深远影响。虽然西方近现代的部分思想家也论及经济平等的内容，比如空想社会主义者曾提出废除私有制、消灭阶级、按劳分配或按需分配的主张，但从总体上来说这种实质意义上的经济平等观念无论是在思想上还是实践上都未获得普遍的认同和实践。

5. 民主

民主，从根本上说是商品经济发展的产物。综观人类文明发展史，凡是商品经济较为发达的民族和地区，其民主程度相对较高；凡是农业经济较为发达的民族和地区，其民主程度相对较低。在古希腊罗马时期，斯巴达是一个以自给自足的农业经济为主的国家，雅典则是一个以农牧业为主但工商业较为发达的城邦。与此相适应，斯巴达在政治上实行贵族政治，雅典则实行民主政治。中国的封建专制社会延续了数千年，从根本上来说是因为近代以前的中国是一个以自给自足的小农经济为基础的农业国家。西方近现代民主国家的出现，从根本上说也源于商品经济的发展。西方民主可追溯至古希腊时期，古希腊时期雅典的城邦制是直接民主制的典型形态。雅典民主制是一种维护公民自主和自治的体制，在雅典城邦中，除少数高级将领和掌管财政的最高负责者是通过举手表决的方式选举的外，其他各级官员都是通过抽签的方式直接从公民中产生的。罗马共和国实行以

---

① 〔古希腊〕亚里士多德：《政治学》，吴寿彭译，商务印书馆，1965，第89页。
② 〔法〕西耶斯：《论特权：第三等级是什么?》，冯棠译，商务印书馆，1990，第80页。

分权为基础的民主制，执政官、元老院和公民大会三者之间既相互支持又相互制约，任何一方都不具有绝对的权力。罗马共和国的这种权力之间制约平衡的制度安排经波利比阿提炼、西塞罗阐发之后成为西方政治思想中的一项重要内容，为近代洛克、孟德斯鸠分权学说的产生和英美法政治制度的建立奠定了思想基础。近代以来，在文艺复兴运动和启蒙运动的感召下，反对封建专制的斗争风起云涌，民主无论在理论上还是在实践上都获得了巨大发展，并被赋予了新的含义即人民的统治。英国"平等派"在《人民公约》中第一次提出了人民主权的思想，这一思想为卢梭进一步阐发。他说："尽管政府可以随自己的意思规划自己内部的政策，但是除非是以主权者的名义，也就是说除非是以人民本身的名义，政府是决不能号令人民的；这一点必须永远不能忘记。"① 罗伯斯比尔继承了卢梭的思想，指出"人民是主权者，政府是人民的创造物和所有物，社会服务人员是人民的公仆"，"人民随时可以更换自己的政府，并召回自己的全权代表"。② 这些民主思想后来不仅成为英法美等国立国的思想基础，而且还转变为具体的政治制度，对西方国家乃至整个人类社会产生了深远影响。

三 西方文化近现代价值观念的基本特征

与中华文化传统价值观念以自给自足的小农经济为基础不同，西方文化近现代价值观念是资本主义工商业经济发展的产物。因而，西方文化近现代价值观念具有与中华文化传统价值观念明显不同的特征，主要体现为西方文化近现代价值观念重个人轻社会、重法治轻德治、重自由轻平等。

1. 重个人轻社会

个人与社会之间的关系是贯穿西方思想史特别是西方价值观念史的核心主题之一。人们关于价值观念的分歧并不在具体表述上，而是体现在围绕个人和社会的关系对每一个价值观念本质意蕴的阐释上。自由、平等、

---

① 〔法〕卢梭：《社会契约论》，何兆武译，商务印书馆，2003，第86页。
② 〔法〕罗伯斯比尔：《革命法制和审判》，赵涵舆译，商务印书馆，1965，第138页。

正义等价值观念的具体内涵都会因其立足点（个人或社会）不同而不同。从理论上来说，如何看待个人与社会之间的关系关键在于如何看待人类本性，对人性的看法会对人们理解个人与社会的关系产生直接且重大的影响。关于人性的本质，英国政治学家安德鲁·海伍德指出："人性指的是所有人最基本而不可改变的特性，它强调的是人生命中天然固有而'自然'的东西，与人通过教育或社会经验所获得的东西相对。"[1] 但是，人性并不是一个描述性的概念，不可能通过实验或科学手段去检测并证实它的存在。作为规范性概念的人性是以假设的形式存在的，因而不同的人会对其产生不同的看法。关于人性，一个重要的问题就是人性是自私的还是合群的，对这个问题的回答直接影响着对个人与社会关系的理解。西方的人性自私论可追溯至古希腊时期，然而这个理论的系统阐发则是在现代，为其提供直接理论支撑的则是达尔文的进化论。功利主义者边沁将人视为本质上趋利避害、追求快乐的享乐型动物；理查德·道金斯也认为每个人都具有自私的基因，因而从本性上说人是自私的，尽管人人都具有利他的倾向，但这是后天教育的结果。持人性自私论的人在处理个人与社会的关系时会更加注重个人的价值。与人性自私论相对立的是人性合群论，这种理论认为任何个人都是集体的一员，都是以集体的形式生活和工作着的，因此，人的本性是社会性，人是合群、合作的动物。无政府主义者彼得·克鲁鲍特金反对达尔文的"自然选择"学说，认为人与动物的根本区别就在于人具有一种高度进化了的合作或"互助"的能力，这种互助能力成为人性的基本要素，他还认为人的本性是社会性的，人通常在处理个人与社会的关系时会更加注重集体和社会的利益。

对个人与社会关系的不同理解，体现在价值观念方面就是坚持个人本位还是坚持社会本位。综观西方思想史，通常奉行个人主义原则的思想家和流派坚持以个人为本，奉行集体主义原则的思想家和流派则坚持以社会

---

[1] 〔英〕安德鲁·海伍德：《政治的常识》，李智译，中国人民大学出版社，2014，第19页。

为本。一般来说，个人主义和集体主义二者之间不是完全对立的，二者都认为个人与社会是相互关联的，只有极端的个人主义和法西斯主义才将个人与社会绝对对立起来。个人主义坚持这样一种信条，即只有单个人才是独立的实体，只有个人才是真实存在的，社会虽由许多个人组成但不是真正的实体，甚至被认为是不存在的。德国哲学家尼古拉·哈特曼说："个体不会为集体的统一而存在，而集体统一则是为个体而存在的。"① 他认为"唯有个体才能树立各种目的并去追求它们，……团体必须尊重个体的目的"②。因此，个人主义认为在处理个人与社会群体的关系和判断任何事物的价值时，应坚持的原则是"个人优先于任何社会群体或集体"③。这种以个人为本的价值观念虽发端于中世纪后期，但真正形成则是在 17～18 世纪，通常为自由主义特别是古典自由主义所信奉。所谓集体主义"是指对社群、群体或集体的一种崇奉，它强调共同身份和集体行为能力的重要性"④。西方思想史上的集体主义传统由来已久，最早可以追溯到古希腊的城邦本位主义。在柏拉图的《理想国》中，作为社会整体利益代表的城邦是唯一的目的，实现城邦的统一和谐是每个公民终身奋斗的目标。柏拉图认为，作为最高统治者的哲学王不仅不能占有任何私有财产，而且不能拥有自己的家庭。除了国家利益，他没有任何个人利益。亚里士多德认为"人类自然是趋向于城邦生活的动物"⑤。他认为，单独的个人或小范围的团体不可能实现全面的人性，只有在城邦中人才能成为真正意义上的全面的人。同时，他还认为，城邦是一个有机整体，公民是这个有机体的组成部分，"任何公民都应为城邦所公有"⑥，个人价值的实现依赖于城邦，离开城邦任何个人都无法完善自身。虽然亚里士多德的思想带有整体主义的

---

① 转引自万俊人《现代西方伦理学史》下卷，北京大学出版社，1992，第 74 页。
② 万俊人：《现代西方伦理学史》下卷，北京大学出版社，1992，第 74～75 页。
③ 〔英〕安德鲁·海伍德：《政治的常识》，李智译，中国人民大学出版社，2014，第 48 页。
④ 〔英〕安德鲁·海伍德：《政治的常识》，李智译，中国人民大学出版社，2014，第 48 页。
⑤ 〔古希腊〕亚里士多德：《政治学》，吴寿彭译，商务印书馆，1965，第 7 页。
⑥ 〔古希腊〕亚里士多德：《政治学》，吴寿彭译，商务印书馆，1965，第 413 页。

特点，但是他反对柏拉图的绝对整体主义观念。他反对绝对同一的城邦，认为"一个城邦，执意趋向划一而达到某种程度时，将不再成为一个城邦"①。他反对柏拉图的"整体幸福"论，认为没有城邦全体成员或者绝大多数成员的幸福，所谓城邦的"整体幸福"只能沦为虚幻。他主张承认个人利益，提出如果否定个人利益，整个社会就会因无法划清个人利益范围而处于混乱和无序之中。在希腊化时期，随着城邦的解体和帝国的兴起，古希腊时期公民与城邦之间关系的整体主义倾向逐渐式微，公民的集体主义观念日益弱化，个人与国家的关系日益疏远，社会中个人关注的重心由政治生活领域转向个人生活领域，个人尤其注重自身德行的提升。这孕育了个人主义。自近代以来，集体主义传统主要为社会主义者所坚持，法西斯主义是其极端形式，保守主义虽带有集体主义的特点，但是严格说起来它不是纯粹的集体主义，只是一种对自由主义的修正。综观整个西方近现代价值观念史，虽然无论是历史上还是今天都存在过或存在着以社会为本位的价值观念，但是从整体上来说，由于自由主义是近现代西方政治文化的主流，因而以个人为本的价值观念处于主导地位。

2. 重法治轻德治

从整体上来说，中华传统文明与西方文明属于两种不同的文明类型。从经济基础上来说，中华传统文明是以自给自足的小农经济为基础的农业文明，而西方文明则是以加工贸易为主的工业文明；从文化类型上来说，中华传统文明属于德性文化，而西方文明则属于理性文化；从价值取向上来说，中华传统文明相对更加强调整体，而西方文明则更加注重个体。中西文化的这些差异又催生了中西文化的另外一个不同点，即中华传统文化相对强调义务，而西方文化则相对注重权利。为了保护每个人的权利，规范不同主体之间的行为，则需要构建完备的法律体系。因此，西方文化特别是近现代西方文化具有悠久的法治传统。

---

① 〔古希腊〕亚里士多德：《政治学》，吴寿彭译，商务印书馆，1965，第57页。

　　法律在社会生活中发挥着十分重要的作用。西方最早的法律产生于两河流域文明时期，其中影响最大的法典有《乌尔纳木法典》和《汉谟拉比法典》。《乌尔纳木法典》被认为是迄今为止人类发现的第一部成文法典，而《汉谟拉比法典》则被认为是第一部比较完备的法典。这个时期尽管产生了《乌尔纳木法典》这样的成文法，但主要的法律形式还是习惯法和神裁法，最典型的神裁法是犹太教法律。犹太教律法的核心内容是"摩西十诫"，它是一种绝对性要求，每个人必须无条件地遵循。然而，从西方文明产生之日起一直到古罗马的王政时期，所谓的法律并不是以保障公民权利为主要目标，而是以实现正义为主要目的。当代著名法学家庞德指出："希腊哲学家们并不议论权利问题，这是事实。他们议论的是，什么是正当的或什么是正义的。"① 真正以权利为核心的法律产生于罗马共和国时期。罗马共和国时期形成了以规范和保护公民权利为主要内容的公民法，后来在罗马帝国时期又形成了针对外邦人的万民法。中世纪东罗马帝国制订的《查士丁尼民法大全》不仅较为完整地保存了罗马法的主要内容，而且还确立了"法来源于权"的思想，对后世产生了重大而深远的影响。近现代以来的西方法律源于自然法传统，法律主要是围绕保护和实现每个人的自然权利而制定的。西方思想史中独特的自然法传统源于希腊化时期的斯多葛学派。在斯多葛派看来，自然、上帝和人类分享共同的理性，这种理性不仅支配着宇宙而且也支配着人类。斯多葛派的代表人物西塞罗说道："真正的法律乃是正确的规则，它与自然相吻合，适用于所有的人，是稳定的，恒久的，以命令的方式召唤履行责任，以禁止的方式阻止犯罪，……将会有一个对所有的人共同的，如同教师和统帅的神：它是这一法律的创造者、裁判者、倡导者。"② 这种自然法是正义的根源，是一切人定法产生的依据和衡量的标准。后来，卢梭、洛克、孟德斯鸠等继承了自

① 〔美〕庞德：《通过法律的社会控制》，沈宗灵译，商务印书馆，1984，第44页。
② 〔古罗马〕西塞罗：《论共和国　论法律》，王焕生译，中国政法大学出版社，1997，第120页。

然法传统，提出每个人享有与生俱来的自然权利。正是基于这些不可剥夺的自然权利，西方形成了代议制、多党制和三权分立制等政治制度，并形成了一套完整的法律体系，法律成为调解各种社会关系的主要准则和依据。

法治与德治的关系在一定意义上就是权利和义务的关系。通过分析中西文化各自的特点，似乎我们可以得出这样一个结论，即一种文化或文明强调"权利"还是强调"义务"，一个重要的影响因素就是血缘在维系社会关系中的作用的重要程度。"权利"观念之所以既没有产生于中国传统社会也没有产生于古希腊，其中一个原因就是这两个社会都是以血缘为纽带、利益界限模糊的熟人社会，强调的是整体和谐，故而以义务和道德为主。"权利"观念之所以产生于古罗马，准确地说应该是罗马帝国时期，主要是因为罗马在扩张的过程中有大量的外邦人涌入。由于自由民与外邦人之间、外邦人相互之间血缘关系疏远、利益界限分明，因而在明确他们之间的利益界限的万民法中体现了个人权利观念。正如萨拜因所说："希腊人认为，他的公民资格不是拥有什么而是分享什么，这很像是处于一个家庭中的成员地位。……这就意味着像希腊人所设想的，问题不在于为一个人争得他的权利，而是保证他处于他有资格所处的地位。"[①]

3. 重自由轻平等

自由和平等是西方文化近现代价值观念的重要内容，也是西方人乃至全人类的价值目标。无论是自由观念还是平等观念都经历了一个不断发展的历史过程。从一般意义上说，自由是相对于奴役、约束而言的，严格说起来它是自由竞争资本主义社会的产物。从时间上来说，自由观念经历了古典自由主义、现代自由主义两个阶段；从内容上来说，自由包括思想自由、政治自由、经济自由、社会自由等；从性质上来说，自由可区分为积极自由和消极自由两种类型；从对自由与放纵的界定来说，西方近现代自

---

① 〔美〕乔治·霍兰·萨拜因：《政治学说史》上册，盛葵阳、崔妙因译，商务印书馆，1986，第25页。

由观念主要包括以权利为基础的自由理论、以伤害原则为基础的自由理论（如穆勒在《论自由》中认为，防止伤害他人是唯一可以限制个人自由的理由）和以平等为基础的自由理论（如约翰·罗尔斯在《正义论》中提到"正义即公平"的两条原则，第一条原则就是每个人都有平等的权利去享有最广泛的且与其他人所享有的同等自由相容的自由）。

平等最初是相对于封建特权而言的，近现代意义上的平等不是绝对意义上的完全平等，因为由于人们天资、禀赋等方面自然差异的存在，绝对意义上的平等是难以实现的。"平等不是指全盘一律，而是要'拉平（平衡）'那些被认为对人类幸福至关重要的社会生存条件，消除其中的差别。"① 这些社会生存条件不仅包括法律条件、政治条件，还包括社会条件。平等包括许多不同的形式，如政治平等、法律平等、社会平等、道德平等、种族平等、性别平等等。如果将其进行分类，大致可划分为形式平等、机会平等和结果平等等类型。所谓的形式平等主要是指法律平等、政治平等。无论是卢梭、洛克、孟德斯鸠的学说，还是美国的《独立宣言》、法国的《人权宣言》，都是形式平等观念的体现。所谓的机会平等是指人们在生活起点上是平等的。这种机会平等的思想源于柏拉图，后来获得社会民主主义者和现代自由主义者的广泛认同。机会平等思想允许自然不平等的自然发展，持这种主张的西方现代思想家有米歇尔·扬、汉斯·艾森克和阿瑟·鲁森等。所谓的结果平等主要指待遇、分配上的平等，马克思恩格斯是追求结果平等的代表。

尽管平等在西方文化近现代价值观念中占据相当重要的位置，但从整体上来说，特别是当自由和平等不可兼得时，西方出现明显的重自由轻平等的价值倾向。我国有学者曾与西欧部分国家的学者一起做过一个关于自由与平等哪个更重要的价值观念调查，调查结果是这样的："凡是认为自由比平等更重要的人，往往更支持资本主义，在资本主义国家他们是稳定

---

① 〔英〕安德鲁·海伍德：《政治的常识》，李智译，中国人民大学出版社，2014，第271页。

的支撑因素；而凡是认为平等比自由更重要的，则较为反对资本主义，是资本主义国家中不满现实的人，并且多半倾向社会主义。"① 从西方国家的理论和实践两方面，我们也能看出西方人更加注重自由。从理论上看，综观西方思想史，尽管出现过平等主义理论，但从总体上来说处于主导地位的是自由主义理论，理论分歧主要在于政府作用的限度。从实践上来看，西方国家在经济上始终奉行自由竞争的市场经济制度，在政治上虽然承认法律平等和政治平等，但在国内却存在种族歧视、在国外则进行殖民扩张。从价值观念本身来说，启蒙运动时的"自由、平等、博爱"变为资产阶级革命后的"自由、民主、人权"，自由价值观念一直被重视。由此可见，西方文化近现代价值观念存在明显的重自由轻平等的价值倾向。

---

① 李德顺：《关于价值与核心价值》，《党政干部学刊》2008 年第 3 期。

第三章　中国特色社会主义基本价值观念的主要内容

　　凝练中国特色社会主义基本价值观念，不仅需要全景式地把握马克思主义、西方近现代文化和中国传统文化的基本内容和主要特征，为中国特色社会主义基本价值观念的凝练提供思想材料，而且还需要客观地把握当代中国发展的基本状况，为中国特色社会主义基本价值观念的凝练奠定现实基础。综观马克思主义经典作家关于未来社会的价值理想，社会主义核心价值观念可以概括为"人的自由全面发展""社会公正"；根据社会主义制度的本质要求，立足于当代中国基本国情和广大民众现实诉求，批判地继承中西文化价值观念，中国特色社会主义基本价值观念可以概括为"人本、公正、共富、民主、包容、和谐"。

第一节　中国特色社会主义基本价值观念的现实基础

　　一个国家、一个民族、一个社会坚守什么样的价值观念，不仅会受历史文化传统的影响，而且还会受这个国家、民族和社会的发展状况的制约。价值观念作为主体判断客体价值性质及大小的标准体系，是对主体的客观需要、利益等内在尺度的反映，而主体的内在尺度从根本上来说是由该社会的发展状况决定的。因此，全面把握当代中国在经济、政治、文化、社会、生态等方面的总体状况，是我们凝练中国特色社会主义基本价值观念的前提。

一 当代中国社会发展取得的巨大成就

新中国成立以来特别是改革开放以来，我国经济持续快速发展，综合国力明显增强，人民生活显著改善；中国特色社会主义政治制度不断完善，公民权利和政治权利得到有效保障；文化事业和文化产业共同发展，人民思想文化素质不断提高；教育医疗卫生事业迅速发展，覆盖全民的社会保障体系基本建成；等等。这些成就为中国特色社会主义基本价值观念的建构提供了现实条件。

1. 国民经济持续快速发展

新中国成立后，我国着手进行"三大改造"，人民生活水平明显提升。然而，"文化大革命"时期，我国经济遭受重大挫折，人民生活水平基本上没有提高甚至在某些方面有所下降。"文化大革命"结束之后特别是改革开放以来，几代中国共产党人准确把握时代主题，科学研判国内外形势，深化改革、扩大开放，使我国经济保持高速增长，综合国力大幅增强，人民生活水平显著提升，经济建设取得举世瞩目的成就。

农业基础地位不断巩固。我国是一个人口大国，吃饭问题成为我国的头等问题，这也是其他任何一个国家所难以帮忙解决的。这就决定了农业在我国国民经济中的基础地位。然而，新中国成立初期特别是"文化大革命"时期，由于受"左"倾思想的影响，我国的农业遭受了巨大损失。为了调动农民的生产积极性，巩固农业的基础地位，我国实行以家庭联产承包责任制为基础的统分结合的双层经营体制；取消了延续两千多年的农业税，并加大对农业、农村、农民的财政支持力度；大力发展农业科学技术，加大对农业科学研究的投入力度，优化农作物品种，努力提高单位面积的农作物产量。通过这些努力，我国的农业得到了快速的发展，粮食产量不断攀升，2022 年我国粮食生产实现"十九连丰"，粮食总产量达 68653 万吨。

经济综合实力不断增强。改革开放以来，我国经济始终保持高速增长。据统计，从 1978 年到 2017 年，我国经济年均增长 9.5%，远高于同期世界经济 2.9% 左右的年均增长速度。① 伴随着经济的飞速发展，我国经济总量和综合国力大幅提升。1978 年，我国国内生产总值为 3678.7 亿元；2022 年，我国国内生产总值创下历史新高，突破 120 万亿元大关，达到 1210207.2 亿元，比 1978 年增加了 328 倍。② 随着经济总量的不断跃升，我国在世界经济中的地位也不断提升。1978 年我国经济总量居世界第 10 位，2010 年我国超过日本，成为仅次于美国的世界第二大经济体。2022 年，我国经济总量占世界生产总值的比重更是由改革开放之初的 1.8% 上升到 18.5%，稳居世界第二位。人均国内生产总值日益增加，2022 年达到 8.1 万元。③ 根据世界银行划分标准，我国已经从低收入国家跃升为中等偏上收入国家。此外，随着对外贸易的快速发展，我国已发展成为第一大货物贸易国、第一大外汇储备国、第二大外资流入国。

人民生活水平大幅提高。"文化大革命"期间，由于忽视生产力的发展，人民生活水平不仅没有得到提高，在某些方面甚至有所下降。据统计，1976 年"文化大革命"结束时，人均粮食消费量比 1956 年减少 28 斤；人均食用植物油消费量比 1956 年减少近两斤；各种布的人均消费量比 1959 年减少近 6 尺；住宅建设投资比第一个五年计划时期减少 4 个百分点，由于人口总数在不断增长，军民住宅十分拥挤；全民所有制各部门职工平均实际工资的年增长速度均为负增长，平均货币工资和实际工资增长

---

① 《十九大以来重要文献选编》上，中央文献出版社，2019，第 725 页。

② 国家统计局网站，https://data.stats.gov.cn/easyquery.htm? cn=C01。

③ 习近平：《高举中国特色社会主义伟大旗帜　为全面建设社会主义现代化国家而团结奋斗——在中国共产党第二十次全国代表大会上的报告》，人民出版社，2022，第 8 页。

指数均低于 1957 年和 1965 年。① 正如邓小平后来总结"文化大革命"经验教训时说："农民和工人的收入增加很少，生活水平很低，生产力没有多大发展。"② 改革开放以来，我们的经济总量不断增大，综合国力不断提升，人民生活水平也得到了前所未有的提升。首先是城乡居民人均可支配收入增长迅速。2022 年，城镇居民人均可支配收入为 49283 元，比 1978年增长了 144 倍；农村居民人均可支配收入为 20133 元，比 1978 年增长了 150 倍；全国居民人均可支配收入 36883 元，比 1978 年增长了 216 倍。其次是居民消费水平不断提高。2022 年，城镇居民人均消费支出 30391 元，比 1978 年增长了 98 倍；农村居民人均消费支出 16632 元，比 1978 年增长了 143 倍；全国居民人均消费支出为 24538 元，比 1978 年增加了 163 倍。城乡居民消费结构日趋合理。2022 年，城镇居民恩格尔系数为 29.5%，比 1978 年下降了 28 个百分点；农村居民恩格尔系数为 33%，比 1978 年下降了 34.7 个百分点。③ 城乡家庭耐用品和高档用品拥有量大幅增加，用于享受型消费的支出更是快速增长。最后是贫困人口全部脱贫。改革开放前，我国有近 2.5 亿贫困人口。经过改革开放 40 多年持续奋斗，特别是党的十八大以来全党全国人民的共同努力，我国如期完成脱贫攻坚目标任务，现行标准下农村贫困人口全部脱贫，贫困县全部摘帽，消除了绝对贫困和区域性整体贫困，为世界减贫事业作出了巨大贡献。

2. 公民权利得到切实保障

党的十一届三中全会以来，中国共产党在大力发展经济的同时，不断推进社会主义民主政治建设，切实保障人民当家作主地位，我国的民主政治建设取得巨大成就。

党的领导方式和执政方式不断改进。党的十一届三中全会以来，我们

---

① 中共中央党史研究室：《中国共产党历史》第 2 卷（1949-1978）下册，中共党史出版社，2011，第 969 页。

② 《邓小平文选》第 3 卷，人民出版社，1993，第 115 页。

③ 国家统计局网站，https://data.stats.gov.cn/easyquery.htm? cn=C01。

党着眼于社会主义现代化建设和社会主义市场经济发展的需要，切实创新和改善党的领导方式和执政方式，切实发挥党总揽全局、协调各方的作用，极大提高了党的执政能力和执政水平。主要表现在以下几个方面：实行党政职能分开，理顺党组织与政府、人大、政协、公检法等部门的关系，撤销或合并党组织中重叠的机构，充分调动各级行政机关的积极性；完善党的领导方式，党的领导体现为政治领导、组织领导和思想领导，主要包括党在政治原则、政治方向、重大决策方面的领导，制定路线、方针、政策和依法向国家机关推荐重要干部；加强党对企事业单位的领导，实行厂长（经理）、行政首长负责制，切实发挥党组织的保证监督作用；废除领导干部职务终身制，建立老干部退休制度和离职休养制度；改革和完善党的决策制度，坚持实行民主集中制，建立工作制度、会议制度、议事规则和新闻发布制度，不断提高决策的科学化、民主化水平；改革干部人事制度，实行党政领导干部公开选拔、竞争上岗制度和国家公务员制度，干部人事工作的科学化、民主化、制度化程度不断提高。

根本政治制度和基本政治制度日益完善。人民代表大会制度是我国的根本政治制度，是人民行使当家作主权利的根本途径和最高实现形式。改革开放以来，随着经济社会的发展和民主政治建设的推进，人民代表大会制度不断完善。人大代表选举制度不断改进，人大代表直选范围进一步扩大到县一级，人大代表候选人的确定依据和提名方式日益多元化，城乡"同票同权"原则和差额选举原则相继确立；人大的立法权、监督权、人事任免权和重大事项决定权得到切实保障，中国特色社会主义法律体系已经形成；各级人大代表的作用得到充分发挥，各级人大代表的地位、权利、义务和履职范围进一步明确。中国共产党领导的多党合作和政治协商制度、民族区域自治制度和基层群众自治制度是我国的基本政治制度，是人民当家作主得以实现的具体形式。在社会主义现代化建设过程中，这些具有中国特色的基本政治制度发挥了重要作用，同时也在实践中不断得到丰富和发展。组织建设取得显著成绩，制度体系日益健全，民主党派、无党派人士的作用得到充分体现，基层民主建设扎实推进。党的十八大以来，以习近平同志为核心的党中央深化对民主政治发展规律的认识，提出了全过程人民民主的重大理念。习近平总书记在党的二十大报告中指出："全过程人民民主是社会主义民主政治的本质属性，是最广泛、最真实、最管用的民主。"①

法治国家建设取得显著成效。民主与法治是互相依赖、互为条件的两个因素。新中国成立后特别是改革开放以来，我国的法治建设取得了丰硕成果，主要表现在以下几个方面。一是确立了依法治国的基本方略。依法治国基本方略的提出，既是中国共产党顺应历史发展潮流的生动体现，也是对世界社会主义运动经验教训特别是我国"文化大革命"教训的深刻总结，更是我国经济体制改革和社会主义现代化建设发展的现实要求。二是中国特色社会主义法律体系基本形成。截至 2010 年底，中国特色社会主义法律体系基本形成，有法可依目标基本实现。三是司法制度不断完善。我国已形成了符合建设社会主义法治国家要求的现代司法制度，主要包括公开审判制度、案件合议制度、人民陪审员制度、辩护制度、诉讼代理制度、回避制度、司法调解制度、司法救助制度、死刑复核制度、仲裁制度、律师制度、公证制度、司法考试制度、司法公开制度、人民监督员制度等。四是人们的法治观念不断增强。从 1985 年起，我国已连续实施了多个五年普法规划，并将每年的 12 月 4 日定为全国法制宣传日，社会成员的法治意识得到普遍提高。

公民权利和政治权利得到全面保障。我国是人民当家作主的社会主义国家，尊重和保障人民享有充分的权利，是中国特色社会主义民主政治建设的重要内容。新中国成立特别是改革开放以来，我国公民的政治权利得到有效保障，主要体现在以下几个方面。一是尊重和保障人权被写入宪法，尊重和保障人权成为我国的宪法原则。二是公民的生存权、发展权得

---

① 习近平：《高举中国特色社会主义伟大旗帜　为全面建设社会主义现代化国家而团结奋斗——在中国共产党第二十次全国代表大会上的报告》，人民出版社，2022，第 37 页。

到了切实保障。中国共产党始终将保障公民的生存权和发展权放在首位。改革开放以来，我们解决了所有人口的吃饭问题，饮水安全逐步得到保障，住房保障建设逐步推进，居民收入水平不断提高，公民的受教育权得到切实保障，社会保障制度相继建立且覆盖范围逐步扩大，扶贫工作取得重大成就。三是公民权利和政治权利得到有效保障。我国加强食品安全和生产安全的监管，严厉打击恐怖主义活动，依法保障犯罪嫌疑人的人身权利，公民的言论、出版、结社自由和宗教信仰自由获得宪法和法律的保障，公民的知情权、参与权、表达权和监督权得到有效实现，少数民族、妇女、儿童、老年人和残疾人等特殊群体的基本权利得到有效保障。

3. 思想文化素质大幅提高

随着国民经济的快速发展和人民生活水平的不断提高，我国的思想文化建设也取得巨大成就。人民的思想道德素质显著提高，公共文化服务体系日益完善，文化产业实现快速发展，文化体制改革不断推进，文化遗产保护不断加强，人民群众精神文化需要得到更好满足。

公民思想道德素质不断提高。中国共产党历来高度重视思想理论建设。1921 年成立时，中国共产党就将马克思主义作为自己的指导思想，同时坚持将马克思主义基本原理同中国具体实际相结合、同中华优秀传统文化相结合，不断推进马克思主义中国化时代化，坚持用马克思主义中国化时代化的最新成果来武装自己、教育群众。在道德建设方面，我们党提出了以培养"四有新人"为核心内容的社会主义道德目标，制定并实施了《公民道德建设实施纲要》，提出了社会主义核心价值体系和社会主义核心价值观。为了提高公民思想道德素质，我们先后开展了一系列理论学习实践活动，开展了"五讲、四美、三热爱"道德实践活动、以"八荣八耻"为主要内容的社会主义荣辱观学习实践活动，同时还开展了各种文明评比活动、道德模范和最美教师等系列评选活动。通过加强思想道德建设和开展各种道德评选活动，公民的思想道德素质显著提高，良好的社会风尚逐渐形成。

公民精神文化需求得到有效满足。这主要体现在以下几个方面。一是公共文化服务体系日益完善。组织建设和制度建设不断加强，中央财政投入力度不断加大，公共文化服务设施不断完善，群众文化机构不断增加，重大文化建设项目有序推进，公共文化工程建设取得丰硕成果。我国实施了"村村通"工程、农村电影放映工程、"西新工程"、"万村书库"和全国文化信息资源共享工程等文化建设工程。二是文化产业实现快速发展。文化事业和文化产业构成我国社会主义文化建设的两个重要方面。发展文化产业，丰富文化产品，有利于更好地满足人民群众的精神文化需求。改革开放以来，随着社会主义市场经济体制改革目标的确立，我国的文化产业获得了快速的发展。我国初步形成了由演出市场、娱乐市场、音像市场、网络文化市场、电影市场和艺术品市场等六大部分组成的比较健全的文化市场体系，文化产业发展环境不断优化，文化产业发展规模不断扩大，艺术演出市场稳步发展。三是文化体制改革取得显著进展。加快政府职能转变，不断提高政府文化管理水平；加快文化法制建设，形成了比较完善的文化法制体系；健全督查机制，加大扶持力度，确保国有文艺院团体制改革有序推进。四是文化遗产保护工作不断加强。加强文化遗产保护立法工作，完善相关法律法规体系；加强基础设施建设，提高文物机构的服务能力；开展文物普查工作，完善文化遗产目录并积极申报世界文化遗产；开展大型文物保护工程，加大文化遗产保护力度。

4. 社会事业获得重大发展

改革开放以来，我们在大力发展经济、政治和文化的同时，也不断推动社会事业的发展，并取得了前所未有的成绩。教育事业发展成效显著，劳动就业更加充分，覆盖城乡的社会保障体系基本形成，医疗卫生事业发展迅速，整个社会正朝着幼有所育、学有所教、劳有所得、病有所医、老有所养、住有所居、弱有所扶的目标稳步前进。

劳动就业取得显著成绩。这主要体现在以下几个方面。一是大力发展劳动力市场。经过几十年的发展，我国劳动力的市场化程度逐步提高，劳动力市场中介组织初具规模，公共就业服务体系逐步形成。二是就业法规体系不断完善。我国已形成了包括《劳动法》《劳动合同法》《就业促进法》等在内的比较完善的劳动就业法律法规体系。三是就业总量持续增长，就业结构逐渐优化。据统计，截至 2021 年底，我国城乡就业人数达到 74652 万人，比1978 年的 40152 万人增长了 85.9%。其中，第一产业就业人员占总数的22.7%，第二产业就业人员占总数的 29.1%，第三产业就业人员占总数的48.2%。① 四是城镇登记失业率有所下降。尽管从绝对数量上看，我国城镇登记失业人数总体呈上升趋势，但从失业率看，我国失业率从 1978 年的5.3% 降低到 2022 年的 4%，连续 13 年稳定在 4% 左右的水平。

社会保障体系基本建成。这主要体现在以下几个方面。一是建立最低生活保障制度。据统计，截至 2022 年 8 月，我国县以上农村享受低保待遇的家庭数为 2324.9 万户，享受低保的人数为 4031 万人。② 二是社会保险体系日益完善。基本养老保险实现制度全覆盖，医疗保险覆盖面不断扩大，医疗保险支付比例不断提高，工伤、失业、生育等保险参保人数也呈上升趋势。三是社会福利水平不断提高。我国制定了《老年人权益保障法》《妇女权益保障法》《残疾人保障法》《未成年人保护法》等法律，与社会福利相关的法律框架基本形成。四是住房保障体系初步形成。到 2015年，我国基本上形成了以廉租房制度、经济适用房制度和住房公积金制度为主要形式的住房保障体系，居民住房条件得到显著改善。据统计，1978年全国城镇居民人均住宅建筑面积仅为 6.7 平方米，2000 年上升为 20.3平方米，2005 年达到 26.1 平方米，2007 年更是超过了 27 平方米。③ 2020年，我国城镇人均住房建筑面积更是达到 38.6 平方米。④

---

① 国家统计局网站，https://data.stats.gov.cn/easyquery.htm? cn＝C01。

② 中华人民共和国民政部：《2022 年 8 月份民政统计数据》，民政部网站，https://www.mca.gov.cn/article/sj/tjyb/2022/202208qgsj.html。

③ 中华人民共和国国家统计局：《中国历年城乡居民家庭人均消费支出和住房情况统计（1978—2007）》，国家统计局网站，http://data.stats.gov.cn/index.htm。

④ 国家统计局网站，https://data.stats.gov.cn/easyquery.htm? cn＝C01。

教育事业取得巨大成绩。这主要体现在以下几个方面。一是教育观念实现重大转变。在教育发展方向上，从教育为阶级斗争服务转变为教育要面向现代化、面向世界、面向未来；在知识分子政策上，明确知识分子是工人阶级的一部分，并确立"尊重知识，尊重人才"的方针。二是教育事业蓬勃发展。我国已形成了一套由基础教育、中等职业技术教育、普通高等教育和成人教育等组成的完善教育体系，不仅普及了九年义务教育，而且正在逐步推行普及高中阶段教育，我国的教育事业达到了前所未有的发展水平。三是教育法制建设不断加强。我国已形成了以《教育法》《义务教育法》《教师法》等为主体的较为完整的教育法律法规体系，人民的受教育权益得到保障。四是教育体制改革取得重大进展。在基础教育方面，推行"地方负责，分级管理"的管理体制，在以政府办学为主的同时鼓励社会各界共同办学；在职业教育方面，初步形成以政府为主导、社会力量参与的多元化办学格局；在高等教育方面，建立中央和省、自治区、直辖市两级办学为主，社会各界广泛参与的办学新格局，推行共建、划转、合并、合作办学和参与办学等多种形式的办学模式。

医疗卫生事业快速发展，人民健康水平不断提高。这主要表现在以下几个方面。一是城乡医疗卫生体系基本建立。以专业公共卫生服务网络和医疗卫生服务体系为主要内容的公共卫生服务体系基本形成，基本医疗保障体系基本实现全覆盖，药品供应保障体系不断完善。二是医疗卫生资源不断增加。截至 2021 年末，全国医疗卫生机构达 103.1 万个，执业医师428.7 万人，注册护士 501.8 万人，医疗卫生机构床位数 944.8 万张，民众看病住院更加便利。① 三是传染病、慢性非传染性疾病防治水平显著提高。我国实施国家免疫规划，对艾滋病、结核病等重大及重点传染病患者实行免费药物治疗；完善慢性病防控管理体系，加强慢性病重点群体的监

---

① 中华人民共和国国家卫生健康委员会：《2021 年我国卫生健康事业发展统计公报》，国家卫生健康委员会网站，http://www.nhc.gov.cn/guihuaxxs/s3586s/202207/51b55216c2154332a660157ab-f28b09d.shtml。

测和干预，普及宣传慢性病预防知识，民众自我保健意识和能力不断提高。四是医疗卫生体制改革取得显著成效。按照保基本、强基层、建机制的基本原则不断深化医疗卫生体制改革，完善各级医疗卫生机构的分工协作机制，鼓励和引导社会资本兴办医院，采取有效措施控制医药费用过快上涨势头，"看病贵""看病难"问题有所缓解。五是民众健康状况明显改善。我国人均预期寿命不断提高，孕产妇死亡率、婴儿死亡率持续下降。2021 年，人均预期寿命达到 78.2 岁，孕产妇死亡率下降到 16.1/10 万，婴儿死亡率下降到 5.0‰。[①]

二 当代中国社会发展面临的重大挑战

价值观念源于主体的内在尺度，而内在尺度取决于主体的生存状态。当代中国在经济、政治、文化、社会、生态等诸方面的发展，有利于中国人民诸种需要的满足。价值观念作为一种对应然状态的把握，更是主体尚未满足的需要的主观反映。因此，中国特色社会主义基本价值观念的凝练与概括离不开对制约当代中国社会发展进步诸重大因素的准确把握。

1. 经济下行与生态恶化并存

改革开放以来，随着经济体制改革的不断深化和对外开放的不断扩大，我国的经济建设取得了举世瞩目的成就。然而，在经济快速发展的过程中，也产生了许多亟须解决的重大问题，它们制约着中华民族伟大复兴的实现，同时也是中国特色社会主义基本价值观念凝练的重要依据。

经济增长面临较大压力。党的十八大提出，到 2020 年全面建成小康社会，实现国内生产总值和城乡居民人均收入比 2010 年翻一番。要实现这个目标，必须使我国经济保持一定增长速度。然而，自 2008 年爆发全球金融危机以来，世界经济处于缓慢复苏状态。同时，我国正处在转变发展方

---

① 中华人民共和国国家卫生健康委员会：《2021 年我国卫生健康事业发展统计公报》，国家卫生健康委员会网站，http://www.nhc.gov.cn/guihuaxxs/s3586s/202207/51b55216c2154332a660157ab-f28b09d.shtml。

式、优化经济结构、转换增长动力的攻关期，经济正由高速增长阶段转向高质量发展阶段，这就对我国经济实现持续增长形成了较大压力。据统计，从 2010 年第二季度开始，我国经济增速放缓，2011 年为 9.6%，2013 年为 7.8%，2015 年为 7.0%，2017 年为 6.9%，2019 年为 6.0%。2020 年，在世界百年未有之大变局和疫情的叠加影响下，我国经济增速更是跌至 2.2%。[①] 为了实现党的第二个百年奋斗目标，必须毫不动摇地坚持以经济建设为中心，推动经济实现质的有效提升和量的合理增长。

经济发展不平衡问题显著。中国经济在保持高速增长的过程中，由于地理位置、自然禀赋、人力资源和发展政策等，呈现出明显的不平衡特征。经济发展不平衡首先表现为区域发展不平衡。改革开放之初，为了促进经济的发展，我国推行了沿海港口城市优先发展的战略，大大带动了中国整体经济水平的提高。然而，这一优先战略的推行，使得区域之间经济发展水平差距逐步拉大。以 2008 年为例，从地区生产总值来看，东部地区生产总值占全国的 54.27%，中部地区生产总值占全国的 23.77%，西部地区生产总值占全国的 13.34%，东北地区生产总值占全国的 8.62%。[②] 其次表现为城乡发展不平衡。中国城乡经济发展不平衡的根本原因在于城乡二元结构，虽然改革开放以来，我国的城乡二元结构发展格局得到一定程度的消除，但并未得到根本上的改变。从城乡居民家庭人均可支配收入来看，若以农民收入为 1，1978 年城乡居民收入名义比率为 2.57，2009 年达到 3.33，创历史新高，2010 年后虽逐渐回落，但截至 2022 年仍保持在 2.4 以上。[③] 最后，中国经济发展不平衡还表现在经济结构发展的不平衡上。尽管我国经济总量不断扩大、经济结构持续优化、经济效益不断提高，但我国的经济结构仍存在较大的不平衡问题。从第一产业增加值占国内生产

---

① 国家统计局网站，https://data.stats.gov.cn/ks.htm？cn＝C01。

② 戚本超、景体华主编《中国区域经济发展报告（2009—2010）》，社会科学文献出版社，2010，第 2~4 页。

③ 国家统计局网站，https://data.stats.gov.cn/ks.htm？cn＝C01。

总值的比重来说，世界平均水平为 3% 左右，而我国到 2022 年仍维持在 7.3%；从第二产业增加值占国内生产总值比重来说，世界平均水平低于 30%，而我国到 2022 年接近 40%；从第三产业增加值占国内生产总值比重来说，世界平均水平在 70% 左右，而我国在 2022 年才达到 52.8%。[①]

资源环境约束趋紧。一方面，经济持续发展对能源、资源的需求同我国能源、资源供给之间的矛盾日益凸显；另一方面，我国经济持续几十年的快速发展引发了生态环境问题。这两方面的因素都严重制约着我国未来经济发展的速度和质量。从能源方面看，中国长期以来一直是世界一次能源消费量第一大国，并且中国一次能源消费量占世界能源消费总量的比例还处于不断上升之中，目前已超过了 1/4。然而，从探明储量来看，我国除了煤炭探明储量居世界第三位外，石油和天然气的探明储量均未进入世界前列，这就使得我国能源和资源的供需矛盾不断加剧。从生态环境方面看，我国面临水资源短缺、耕地减少和空气污染严重等问题。我国的资源环境状况严重制约了我国经济的持续健康发展。

2. 公权腐败与政治参与有待扩大并存

新中国成立特别是改革开放以来，我国的根本政治制度和基本政治制度不断完善和发展，依法治国基本方略得以确立并有序推进，公民权利和政治权利得到有效保障，中国特色社会主义民主政治建设取得巨大成就。然而，由于外部环境的变化，市场经济因素、封建主义残余影响，以及体制机制的不完善、不健全，我国的民主政治建设也面临许多难题。

反腐败斗争形势严峻复杂。反腐败既是一个世界性难题，也是中国共产党和中国人民面临的一项艰巨任务。"腐败是危害党的生命力和战斗力的最大毒瘤，反腐败是最彻底的自我革命。"[②] 在革命、建设和改革的过程中，中国共产党始终高度重视反腐工作，在惩治腐败、制度建设等方面取

---

① 国家统计局网站，https://data.stats.gov.cn/ks.htm? cn=C01。

② 习近平：《高举中国特色社会主义伟大旗帜　为全面建设社会主义现代化国家而团结奋斗——在中国共产党第二十次全国代表大会上的报告》，人民出版社，2022，第 69 页。

得了巨大成就。特别是党的十八大以来，以习近平同志为核心的党中央一体推进不敢腐、不能腐、不想腐，"打虎""拍蝇""猎狐"多管齐下，开展了史无前例的反腐败斗争，取得压倒性胜利并全面巩固。然而，反腐败斗争仍然存在许多突出问题，铲除腐败滋生土壤任务依然艰巨。

公民有序政治参与有待进一步扩大。公民政治参与是现代民主政治的重要内容，是公民维护自身权利和利益的重要途径和有效手段，现代民主政治发展的过程在一定程度上来说就是公民政治参与不断扩大、不断深化的过程。"评价一个国家政治制度是不是民主的、有效的，主要看国家领导层能否依法有序更替，全体人民能否依法管理国家事务和社会事务、管理经济和文化事业，人民群众能否畅通表达利益要求，社会各方面能否有效参与国家政治生活，国家决策能否实现科学化、民主化，各方面人才能否通过公平竞争进入国家领导和管理体系，执政党能否依照宪法法律规定实现对国家事务的领导，权力运用能否得到有效制约和监督。"① 为了保障人民当家作主地位，自新中国成立以来，我国相继作出了一系列制度安排以保证公民的政治参与权利。然而，在政治实践中，也存在一些与扩大公民有序政治参与不相适应的亟须解决的问题。这就要求我们高度重视广大民众特别是基层民众的利益诉求，构建多样、畅通、有序的民主渠道，丰富民主形式，从各层次各领域不断扩大公民有序政治参与，使各方面制度和国家治理更好体现人民意志、保障人民权益、激发人民创造。

法治建设有待加强。改革开放特别是党的十五大提出"依法治国"基本方略以来，我国的法治建设取得了很大成就。但也必须清醒地看到，同经济社会发展的要求相比，同广大人民群众的期待相比，我国的法治建设还存在许多不适应、不符合的地方。在法律实践过程中，有法不依、执法不严、违法不究现象时有发生，甚至还存在选择性执法的现象。部分执法人员执法工作不规范、不透明、不文明，激发了普通民众对司法工作人员

---

① 《习近平谈治国理政》第4卷，外文出版社，2022，第258页。

的不满。部分社会成员尊法信法守法用法、依法维权意识不强，每当自己的合法权益受到他人或组织的侵犯时，不是借助法律维护自己的正当权益而是诉诸其他非法途径，不仅不能维护自己的合法权益反而走向了违法犯罪的道路。同时，一些国家工作人员特别是领导干部法治观念不强，不仅不能以身作则、率先垂范，反而知法犯法、带头犯法、以言代法、以权压法、徇私枉法，严重影响依法治国基本方略的实行和法治国家的建设。

3. 信仰危机与诚信缺失并存

新中国成立特别是改革开放以来，我国思想文化建设取得巨大成绩。与此同时，随着改革开放的日益深化和不断发展，由于内外环境的影响和体制机制的不健全，我国思想文化领域也存在许多与社会主义制度和社会主义市场经济体制不相适应的突出问题，这些问题成为制约社会主义精神文明健康发展的重大因素。

信仰危机。这主要体现在以下几个方面。第一，传统价值观念遭到解构，新的价值观念尚未确立。近代以来，中国传统价值观念在新文化运动、"文化大革命"特别是改革开放中遭受了重大冲击，然而，指导人们言行的新的价值观念又未能及时有效地确立起来，价值观念"缺位"使得整个社会处于浮躁、急功近利甚至失序的状态。第二，封建主义残余沉渣泛起。中国是一个有着两千多年封建历史的国家，各种封建主义思想对人们的影响根深蒂固。思想观念本身所具有的巨大惰性和市场经济体制本身的不完善，使得许多封建主义思想不仅没有被彻底肃清，反而沉渣泛起。第三，马克思主义指导地位面临诸多挑战。从现实方面来说，改革开放以来，人们思想活动的独立性、选择性日益增强，人们价值观念多元多样多变趋势明显。这就需要我们在多元中立主导、多样中谋共识。从马克思主义本身来说，马克思主义创始人所设想的未来社会是建立在生产力高度发达的基础之上的，但现实中所有的社会主义国家都是在经济文化比较落后的国家基础上建立起来的，社会主义制度的优越性尚未得到充分发挥。从外部环境来说，随着对外开放的不断扩大，各种非马克思主义甚至是反马克思主义思潮趁机涌入中国，这些都对我国的意识形态安全构成严峻威胁。

诚信缺失。诚信不仅是中国传统文化的优秀品德，而且也是发展社会主义市场经济的内在要求，但是我国在市场经济发展和社会转型过程中出现诚信缺失的状况。部分地方政府在招商引资上不履行承诺、在制定政策时搞暗箱操作甚至"拍脑袋"式决策，部分公职人员或者领导干部欺上瞒下、弄虚作假、虚报成绩，甚至还有部分官员言行不一，表现出鲜明的"双面人"特征。部分企业不顾民众生命安全，生产不合格甚至假冒伪劣产品，给人民的生命和财产安全带来巨大隐患。人与人在社会交往过程中相互提防、相互怀疑，缺乏信任。部分新闻工作者违背新闻伦理，肆意夸大或捏造新闻事件，使得新闻媒体作为社会"良心"的地位遭受质疑。部分个人或社会组织通过各种途径骗取国家科研资金和相关奖励，甚至为了装裱门面或者职业升迁而伪造学历。这些诚信缺失行为给我国的经济社会发展和国家形象带来了无法估量的损失，对此我们必须高度重视。

社会负向心态泛滥。在转型过程中的巨大社会变迁对人们的心理和行为产生了深刻影响，其中最突出的问题就是社会负向心态泛滥，这主要体现在以下几个方面。第一，社会压力感明显增大。社会各阶层面临着来自社会生活各个方面的压力，如基本生活压力、住房压力、教育压力、工作压力等。这些来自不同方面的压力，严重影响人民群众生活幸福指数的提高。第二，社会安全感处于低位。近年来，由于重大安全事故的发生和信息网络技术的发展，与民众日常生活息息相关的各种安全问题不时地出现在人们视线之中。比如，食品安全感普遍较低，交通安全忧虑增多，劳动安全更是牵动着民众的心弦。此外，民众对医疗安全、财产安全、信息安全、环境安全等也存在不同程度的担忧。第三，"仇官仇富"情绪滋生。湖北"邓玉娇案"、湖南"朱军枪击案"、上海"杨佳袭警案"、黑龙江"信访干部刺死案"等事件折射出了民众对公共权力机关、公职人员的不满情绪，"官二代""富二代"引起社会的普遍关注，反映了民众对机会分配不公、贫富差距过大的不满。此外，民众特别是底层民众的社会不公感、普遍的底层认同等也成为培育奋发进取、理性平和、开放包容的社会心态的不利因素。

4. 贫富分化与利益固化并存

改革开放以来，我国社会建设取得了巨大成就。然而，受经济发展总体水平、地理环境、人口状况和制度政策等诸方面因素的影响，我国社会建设领域面临许多亟须解决的重大难题，最为突出的问题有经济社会发展不平衡、社会流动不畅等。这些问题能否得到及时、合理的解决，直接影响我国社会的和谐与稳定。

基本公共服务发展不均衡。城乡二元体制使得我国城乡公共服务在基础设施、人员配置、财力投入、供给水平等方面存在较大差距，基本公共服务在城乡、区域、群体之间呈现出发展不均衡的状况。在教育方面，2020 年，我国农村幼儿园教师专科及以上学历教师比例为 79.9%，比城市低 10.5 个百分点；农村初中生均教学仪器设备值 2541 元，相当于城市初中的 77.0%；农村小学、初中建网学校比例分别为 67.3% 和 74.1%，分别比城市学校低 17.2 个和 12.6 个百分点。[①] 在社会保障方面，城乡社会保障水平差距较大。从表 3-1 可知，自 2010 年至 2014 年，我国城镇基本养老保险基金人均支出始终维持在新型农村社会养老保险试点基金人均支出的 23 倍以上，2011 年城镇基本养老保险基金人均支出甚至达到新型农村社会养老保险试点基金人均支出的 28.4 倍。2021 年，城镇基本养老保险基金人均支出降至新型农村社会养老保险试点基金人均支出的 18.8 倍。[②] 从表 3-2 可见，自 2007 年至 2012 年，城镇职工基本医疗保险基金人均支

---

① 中华人民共和国教育部：《中国教育概况——2020 年全国教育事业发展情况》，教育部网站，http://www.moe.gov.cn/jyb_sjzl/s5990/202111/t20211115_579974.html。

② 中华人民共和国人力资源和社会保障部：《2021 年度人力资源和社会保障事业发展统计公报》，人力资源和社会保障部网站，http://www.mohrss.gov.cn/SYrlzyhshbzb/zwgk/szrs/tjgb/202206/t20220607_452104.html。

出远远高于新型农村合作医疗保险基金人均支出，2007 年甚至达到 18.1
倍。2021 年，我国职工基本医疗保险基金人均支出降至城乡居民基本医疗
保险基金人均支出的 4.5 倍。[1] 此外，在人口计生、就业服务、公共文化
体育服务和基础设施建设等方面，我国城乡、区域之间也存在较大差距。

表 3-1　2010~2014 年城乡基本养老保险比较

年份	城镇离退人员参加养老保险人数（万人）	城镇基本养老保险基金支出（亿元）	城镇基本养老保险基金人均支出（元）	新型农村社会养老保险试点达到领取待遇年龄参保人数（万人）	新型农村社会养老保险试点基金支出（亿元）	新型农村社会养老保险试点基金人均支出（元）
2010	6305	10555	16741	2863	200	699
2011	6826	12765	18701	8922	588	659
2012	7446	15562	20900	13075	1150	880
2013	8041	18470	22970	13768	1348	979
2014	8593	21755	25317	14313	1571	1098

资料来源：中华人民共和国人力资源和社会保障部官网。2010~2011 年为新型农村社会养老
保险数据，2012~2014 年为城乡居民基本养老保险数据。

表 3-2　2007~2012 年城乡基本医疗保险比较

年份	城镇职工年末参保人数（万人）	城镇职工基本医疗保险基金支出（亿元）	城镇职工基本医疗保险基金人均支出（元）	新型农村合作医疗参保人数（亿人）	新型农村合作医疗基金支出（亿元）	新型农村合作医疗保险基金人均支出（元）
2007	18020.3	1551.7	861.1	7.26	346.6	47.7
2008	19995.6	2019.6	1010.1	8.15	662.3	81.3
2009	43263.0	2630.1	607.9	8.33	922.9	110.8
2010	23734.7	3271.6	1378.4	8.36	1187.8	142.1
2011	25227.1	4018.3	1592.9	8.32	1710.2	205.6
2012	26485.6	4868.5	1838.2	8.05	2408.0	299.1

资料来源：中华人民共和国国家统计局官网。

---

[1]　中华人民共和国国家医保局：《2021 年全国医疗保障事业发展统计公报》，国家医保局网
站，http://www.nhsa.gov.cn/art/2022/6/8/art_7_8276.html。

社会管理面临严峻挑战。这种挑战主要体现在以下几个方面。一是突发性事件易发频发。我国社会发展过程中的不公现象往往会成为引发突发性事件的重要导火索。社会中所发生的突发性和群体性事件主要集中于劳资纠纷、涉法涉诉、环境卫生等领域，并且呈现出触点多、燃点低的特点。二是公共安全形势严峻。我国发生了多起重大安全事故，如2011年浙江温州动车追尾特大事故、2015年湖北监利沉船事件、2015年天津滨海新区危险品仓库爆炸事件等。除交通和化学品安全外，我国的生产安全、食品安全、药品安全、人身安全、财产安全、信息安全、环境安全等也面临不少问题。三是虚拟社会管理任务艰巨。随着互联网在我国的发展和普及，网络管理成为我国社会管理的重要组成部分。尽管我国的网络环境从总体上来看较为良好，但是仍然存在许多问题，比如网络犯罪活动时有发生、网络空间安全屡遭破坏、网络舆情监测引导任务艰巨复杂等。四是社会管理能力有待提高。在管理体制上，政府主导作用突出，社会组织、公民的作用相对较弱；在管理方式上，社会管理的法治化、规范化水平有待提高。

第二节　社会主义核心价值观念的基本内容

社会主义核心价值观念作为社会主义制度本质特征的体现和社会主义社会的根本价值遵循，主要蕴藏于马克思恩格斯关于未来社会的价值设想中，它的基本内容可以概括为"人的自由全面发展"和"社会公正"。

一　人的自由全面发展

人的自由全面发展，是马克思恩格斯所设想的未来共产主义社会的最高理想。马克思主义经典作家关于人的自由全面发展的思想，不是凭空产生的，而是在吸收、借鉴前人优秀思想成果的基础上产生的。在前资本主义时期，许多思想家不仅意识到人具有多方面的需要，而且还强调人的发展的整体性、协调性。在柏拉图所设想的理想国中，公民不仅要进行体育训练以强壮身体、欣赏音乐以陶冶心智，而且还要通过道德教育以完善德性，学习算术、几何、天文、辩证法以启发理智，这蕴含着德智体全面发展的思想。亚里士多德认为人的灵魂由营养灵魂、感觉灵魂和理性灵魂三部分组成，只有这三种灵魂都得到发展，人才能成为一个完整的人。亚里士多德不仅提出了人全面发展的思想，而且还创办了囊括哲学、美学、诗学等学科的吕克昂学园，积极投身于人自由全面发展的实践。尽管前资本主义时期的许多思想家的著作中都蕴含着人自由全面发展的思想，但是由于他们都是以维护等级制度为前提的，并具有鲜明的非理性色彩，因此，这一阶段只能算是人的自由全面发展思想的萌芽时期。

文艺复兴运动以来，随着自然科学和资本主义生产方式的发展，人的自由问题成为众多思想家关注的核心问题。他们认为，自由是人的天赋权利，是人们不可剥夺和转让的自然权利，公共权力的主要目的就在于保护公民的自由等自然权利。他们不仅关注人的自由发展，而且也关注人的全面发展。文艺复兴时期的人文主义思想家薄伽丘、拉伯雷都认为人应该是全面发展的人，教育的目的在于促进青少年身心全面发展，教育的内容不仅包括体育，而且还包括德育与智育。德国哲学家费希特认为要培养身心协调、平衡发展的完人。黑格尔也认为教育的目的在于培养完善的人，他明确表示："社会和国家的目的在于使一切人类的潜能以及一切个人的能力在一切方面和一切方向都可以得到发展和表现。"① 尽管资产阶级思想家提出了许多关于人自由发展和全面发展的思想，但是由于受历史条件和资本主义制度的限制，这种关于人自由全面发展的美好愿望难以实现，相反代替它的是一种片面的发展。

空想社会主义者关于人的发展的思想成为马克思主义人的自由全面发展理论的直接来源。首先，空想社会主义者批判了资本主义制度对人自由

---

① 〔德〕黑格尔：《美学》第1卷，朱光潜译，商务印书馆，1996，第59页。

全面发展的束缚。圣西门认为，资本主义制度不仅造成工人阶级的物质生活十分贫乏，而且造成工人阶级的精神生活也异常悲惨。傅立叶则认为资本主义制度下的教育"是沿着相反的道路前进的，它压抑和歪曲儿童的才能。这种教育使儿童获得的很小的发展，只会使儿童脱离劳动，使劳动变成儿童的一件可恨的事，并鼓励他们去从事破坏性的活动"①。欧文认为："目前的社会制度是可能想出来的最反社会、最失策和最无理性的制度，在这种制度的影响下，人性中一切优良和宝贵的品质从婴儿时代起就受压抑，而且人们使用最违反天性的方法来发展最有害的个性倾向。"② 其次，空想社会主义者描绘了一个人人自由全面发展的理想社会。在空想社会主义者所设想的未来社会中，人们不仅从事体力劳动，而且在工作时间外可以自由从事精神活动。莫尔所设想的乌托邦实行六小时工作制，工作、睡眠及用餐之外的时间由人们自己安排，每个人可以根据自己的兴趣和爱好从事业余活动，如学术探讨、演奏音乐、共同游戏、谈心消遣等。康帕内拉描绘的太阳城实行四小时工作制，在业余时间里，人们可以自由地进行科学研究、看书或者参加各种文化体育活动。圣西门则说："按照上帝赐给人们作为行为规范的原则，人们应当把自己的社会尽量组织得有益于最大多数的人，以最迅速和最圆满地改善人数最多阶级的精神和物质生活，作为自己的一切劳动和活动的目的。"③ 在欧文的公社中，每个人享有充分的自由。公社已经消除城市和乡村、脑力劳动和体力劳动之间的对立，每个人各尽所能、全面发展。欧文说，"公社将成为一个统一的大家庭，每个成员各尽所能"④，每个人为实现"普遍幸福这一神圣的目的而每天发挥自己最大的能力"⑤。尽管空想社会主义者提出了很多富有启发意义的思想，但是由于历史条件、阶级立场和思维方式等方面的限制，他们未能科

---

① 《傅立叶选集》第 3 卷，冀甫译，商务印书馆，1964，第 217 页。

② 《欧文选集》上卷，柯象峯、何光来、秦果显译，商务印书馆，1965，第 324 页。

③ 《圣西门选集》第 3 卷，董果良、赵鸣远译，商务印书馆，1985，第 163 页。

④ 《欧文选集》下卷，柯象峯、何光来、秦果显译，商务印书馆，1965，第 20 页。

⑤ 《欧文选集》下卷，柯象峯、何光来、秦果显译，商务印书馆，1965，第 145 页。

学地揭示人自由全面发展的历史必然性，也未能找到实现人的自由全面发展的阶级力量和现实路径。

马克思恩格斯运用以辩证唯物主义和历史唯物主义为主要内容的科学的世界观、方法论，批判地继承了前人关于人的发展的思想，形成了马克思主义关于人的自由全面发展的理论。马克思主义认为，人的自由全面发展是社会历史发展的必然趋势，更是现代大工业发展的必然结果。马克思说："全面发展的个人……不是自然的产物，而是历史的产物。要使这种个性成为可能，能力的发展就要达到一定的程度和全面性，这正是以建立在交换价值基础上的生产为前提的，这种生产才在产生出个人同自己和同别人的普遍异化的同时，也产生出个人关系和个人能力的普遍性和全面性。"[1] 由此也可以看出，人的自由全面发展的核心内容是人的能力的自由全面发展。

人的自由全面发展主要表现为人的能力的自由全面发展，但人的能力的发展能否以及在何种程度上成为主体实践活动的目的本身却受多方面因素的影响。首先取决于生产力的发展状况。"人们每次都不是在他们关于人的理想所决定和所容许的范围之内，而是在现有的生产力所决定和所容许的范围之内取得自由的。"[2] 生产力对自由的作用主要体现在两个方面：一是作为人类改造自然能力的生产力本身就是人类自由的重要表现形式，一个社会的生产力发展水平是衡量该社会成员自由程度的重要指标；二是生产力发展为人类自由的实现奠定物质基础。能力发展成为人类实践活动的目的本身，首先需要具备一定的物质条件即人类的物质生活需要基本得到满足。如果一个社会的成员整天为衣食住行所困扰，整天忙碌于基本生存需要的满足，那么这个社会一定不是一个自由的社会。"自由王国只是在必要性和外在目的规定要做的劳动终止的地方才开始；因而按照事物的

---

① 《马克思恩格斯全集》第 46 卷上册，人民出版社，1979，第 108~109 页。
② 《马克思恩格斯全集》第 3 卷，人民出版社，1960，第 507 页。

本性来说，它存在于真正物质生产领域的彼岸。"① 只有首先满足了社会成员的基本生活需要，才能使其获得发展自己能力的自由时间，才能使能力发展成为实践活动的目的。"在这个必然王国的彼岸，作为目的本身的人类能力的发挥，真正的自由王国，就开始了。"②

其次，受生产关系的影响。马克思恩格斯主要从生产资料所有制和分工两个方面论述了生产关系对自由的影响。一个阶级对另一个阶级的奴役、压迫和剥削，是人类社会处于不自由状态的重要表征。而阶级奴役、压迫在生产关系层面的根源则在于生产资料私有制，只是阶级奴役、压迫在不同社会形态中的具体内容不同而已。马克思指出，"劳动者在经济上受劳动资料即生活源泉的垄断者的支配，是一切形式的奴役的基础，是一切社会贫困、精神沉沦和政治依附的基础"③，因此，马克思主张废除资本主义私有制，重新建立个人所有制。这种个人所有制就是以生产资料由社会直接占有为基础的生活资料及享受资料的个人直接占有，它只存在于未来的共产主义社会。未来的共产主义社会将根据社会总体及每个成员的需要有计划地安排生产，并根据每个成员的需要进行分配。同时，人类能力的发展还受分工的影响。分工是一种社会活动组织形式，主要包括以生理自然为基础的自然分工和以固定专业为基础的社会分工两种形式。这里所讲的影响人类能力发展的分工主要指社会分工。分工虽然对人类能力的发展发挥过积极作用，如提高每个个体的劳动技能、促进社会成员间的社会交往等，但也对人类的发展起着消极作用，特别是资本主义的分工不仅使社会成员的劳动异化，而且还使每个个体的发展片面化甚至畸形化。因此，要实现每个人自由全面的发展，必须彻底变革资本主义的生产方式，必须彻底消灭资本主义的分工，建立一种使劳动成为每一个人自由全面发展的第一需要的新的社会活动组织形式。

---

① 《资本论》第 3 卷，人民出版社，2004，第 928 页。
② 《资本论》第 3 卷，人民出版社，2004，第 929 页。
③ 《马克思恩格斯选集》第 3 卷，人民出版社，2012，第 171 页。

再次，受上层建筑的制约。国家不是从来就有的，它是人类社会发展到一定历史阶段的产物。在人类社会的早期，曾经有过没有国家甚至不知道国家为何物的时期。只有当社会生产力发展到一定阶段，社会出现了私有制并分裂为阶级，国家的存在才成为必要和可能。掌握人民所赋予的公共权力的国家及工作人员，本来应成为为人民服务的公仆，然而在阶级社会里却异化为人民的主人，成为人们获得自由的障碍。恩格斯在批判拉萨尔主义时指出，"一切自由的首要条件：一切官吏对自己的一切职务活动都应当在普通法庭面前遵照普通法向每一个公民负责"①，因此，要实现每个人自由而全面的发展，必须推翻一切作为阶级统治工具的国家机器。这一新的社会使命就历史地落在先进的无产阶级身上了。无产阶级夺取公共权力，不是为了享有特权，而是要利用无产阶级专政消灭旧的生产关系，消灭阶级存在的社会条件，从而消灭无产阶级自身的统治。"代替那存在着阶级和阶级对立的资产阶级旧社会的，将是这样一个联合体，在那里，每个人的自由发展是一切人的自由发展的条件。"② 在未来的共产主义社会里，公共权力将失去政治性质，只有维护社会整体利益的简单管理职能。"随着社会生产的无政府状态的消失，国家的政治权威也将消失。人终于成为自己的社会结合的主人，从而也就成为自然界的主人，成为自身的主人——自由的人。"③

最后，受社会交往的影响。这里的社会交往不是一般所说的人际交往，而是哲学意义上的社会交往。社会交往"是人类特有的存在方式和活动方式，是人与人之间发生社会关系的一种中介，是以物质交往为基础的全部经济、政治、思想文化交往的总和"④。社会交往的普遍发展程度，直接影响着每个人能力的发展水平，"一个人的发展取决于和他直接或间接

---

① 《马克思恩格斯选集》第 3 卷，人民出版社，2012，第 348 页。
② 《马克思恩格斯选集》第 1 卷，人民出版社，2012，第 422 页。
③ 《马克思恩格斯选集》第 3 卷，人民出版社，2012，第 817 页。
④ 赵家祥、聂锦芳、张立波：《马克思主义哲学教程》，北京大学出版社，2003，第 314~315 页。

进行交往的其他一切人的发展"①。社会交往不仅直接影响个体能力的发展，而且还作为一种渗透性因素对生产力、生产关系产生影响，从而间接地影响人类的自由。马克思恩格斯曾指出，个人的自由发展"正是取决于个人间的联系，而这种个人间的联系则表现在下列三个方面，即经济前提，一切人的自由发展的必要的团结一致以及在现有生产力基础上的个人的共同活动方式"②。生产关系以及由其决定的其他社会关系是在人们的各种社会交往活动中产生的，社会交往是各种社会关系产生、发展和变革的重要动力，未来的共产主义制度"只不过是各个人之间迄今为止的交往的产物"③，因此，社会交往及在社会交往中所形成的共同体是个人自由得以实现的形式。"只有在共同体中，个人才能获得全面发展其才能的手段，也就是说，只有在共同体中才可能有个人自由。"④ 然而，过去以国家为主要形式的共同体都是虚假的共同体，它不是人类自由得以实现的形式，而是人类实现自由的桎梏。只有在未来的革命无产者的共同体中，人们才能真正掌握个人自由发展和运动的条件，从而实现每个人的自由全面发展。

马克思恩格斯认为，实现人的自由全面发展的基本途径是教育及其与生产的结合。恩格斯在批判杜林时援引马克思的话说："未来教育对所有已满一定年龄的儿童来说，就是生产劳动同智育和体育相结合，它不仅是提高社会生产的一种方法，而且是造就全面发展的人的唯一方法。"⑤ 马克思恩格斯深刻地揭示了资本主义教育的本质，认为资本主义教育的目的是把绝大多数人训练为机器，资本主义大学培养的仅仅是作为政治家最好的原料的律师。正如阶级的所有制的终止在资产者看来是生产本身的终止一样，阶级教育的终止在资产者看来就等于一切教育的终止。马克思恩格斯

---

① 《马克思恩格斯全集》第3卷，人民出版社，1960，第515页。
② 《马克思恩格斯全集》第3卷，人民出版社，1960，第516页。
③ 《马克思恩格斯选集》第1卷，人民出版社，2012，第202页。
④ 《马克思恩格斯选集》第1卷，人民出版社，2012，第199页。
⑤ 《马克思恩格斯全集》第20卷，人民出版社，1971，第348页。

认为，未来共产主义社会的教育将使年轻人能够很快熟悉整个生产系统，将使他们能够根据社会需要或者他们自己的爱好，轮流从一个生产部门转到另一个生产部门，将使他们摆脱现在这种分工给每个人造成的片面性，将使自己的成员能够发挥他们的得到全面发展的才能。他们主张应当把技术学校同国民学校联合起来，通过发展产业教育消除旧的分工从而实现工种的变换，使社会全体成员的才能得到全面发展；对于儿童教育，他们主张所有的儿童，从能够离开母亲照顾的时候起，都由国家出钱在国家设施中受教育，国家实行义务教育和免费教育；主张将教育同物质生产结合起来，并要求工厂法将初等教育作为劳动的强制性条件。这些不仅有利于社会生产率的提高，而且更重要的是有利于促进人的全面发展。

二 社会公正

社会公正是马克思恩格斯所设想的未来共产主义社会的本质特征，也是人类进入阶级社会以来人们普遍的价值追求。在马克思主义诞生以前，有许多思想家为建立公正的人类社会进行了探索。古希腊时期，以苏格拉底、柏拉图和亚里士多德为代表的思想家对公正问题进行了广泛探讨。正如色诺芬所说，苏格拉底的一生都在探讨公正问题，不仅探讨公正的本质内涵，而且还研究如何实现公正和避免不公正。柏拉图的公正思想是以分工为基础的，他认为人的灵魂包括理性、激情和欲望三部分，与此相对应，城邦也应由代表着理性的统治者、代表着激情的军人和代表着欲望的生产者组成。只要城邦中的统治者、军人和生产者三者各安其命、各尽其责，就能使整个城邦和谐有序，成为一个公正、正义的城邦。正如柏拉图所说："当生意人、辅助者和护国者这三种人在国家里各做各的事而不相互干扰时，便有了正义，从而也就使国家成为正义的国家了。"① 亚里士多德认为公正、正义是城邦的基本原则。他看到了公正在维护社会正常秩序

---

① 〔古希腊〕柏拉图：《理想国》，郭斌和、张竹明译，商务印书馆，1986，第156页。

中所起的作用，他的公正思想的最突出特点是从"数量平等"和"比值平等"两个维度去研究公正问题。他认为，实现公正的"正当的途径应该是分别在某些方面以数量平等，而另些方面则以比值平等为原则"①。由于他们都是从道德的角度讨论公正问题，因此，我们可以将古希腊时期的公正思想称为德性公正观。

到了近代，自由、平等和权利成为思想家们讨论的核心议题，这一时期的公正思想可称为权利公正观。他们普遍认为近代以前的等级特权社会是不自由、不平等、不公正的社会，并认为这是与自然法则相违背的，由此形成了对西方社会影响深远的自然法传统。这种以自然法为基础来阐述社会公正思想的传统最早可追溯到古罗马时期的西塞罗。西塞罗认为，大自然是公正的来源，自然法是衡量社会公正与否的唯一标准。西塞罗的公正思想对西方近代时期的霍布斯、洛克和卢梭产生了直接影响。他们都是以社会契约论为基础来阐述自己的社会公正思想的。他们认为，人生来具有不可转让、不可剥夺的天赋权利，为了保护这些天赋权利不受侵犯，人们之间相互缔结契约以实现社会公正。尽管古希腊罗马时期和近代时期的许多思想家都提出了许多富有启发意义的公正思想，但由于受历史条件、阶级地位等方面的影响，这些思想都具有各自的缺陷。在主体上，都是以少数统治阶级为公正的受益者，特别是在古典时期是以维护封建等级制度为前提的；在内容上，古希腊时期的公正思想属于德性公正观，近代时期西方思想家的公正思想属于权利公正观，二者都具有不彻底性。马克思恩格斯在吸收、借鉴前人思想成果的基础上，运用辩证唯物主义和历史唯物主义，提出了科学、彻底的社会公正理论。

马克思主义经典作家运用辩证唯物主义和历史唯物主义的基本原理系统地阐述了公正一般理论。马克思主义经典作家认为，社会是否公正以及公正的程度是由生产力的发展状况决定的。在马克思看来，资本主义社会

---

① 〔古希腊〕亚里士多德：《政治学》，吴寿彭译，商务印书馆，1965，第239页。

的公正体现并只能体现为权利公正，这是由资本主义的生产方式决定的。他说："如果说经济形式，交换，确立了主体之间的全面平等，那么内容，即促使人们去进行交换的个人材料和物质材料，则确立了自由。可见，平等和自由不仅在以交换价值为基础的交换中受到尊重，而且交换价值的交换是一切平等和自由的生产的、现实的基础。"① 资本主义的公正只能限于法律面前人人平等，也是由于生产力发展不充分。同时，他们认为公正具有历史性、阶级性。虽然早期空想社会主义者和小资产阶级社会主义者都看到了资本主义社会中的不平等、不公正现象，但是由于历史和认识的局限，他们不是从经济事实中去探讨资本主义不公正现象存在的根源，而是用普遍正义、永恒公平等"绝对真理"来解释和批判现实社会。蒲鲁东认为，公平是人类自身的本质，是社会中至高无上的、支配着一切原则的原则。正如恩格斯所说："蒲鲁东在其一切著作中都用'公平'的标准来衡量一切社会的、法的、政治的、宗教的原理，他摒弃或承认这些原理是以它们是否符合他所谓的'公平'为依据的。"② 马克思主义创始人批判了这种以抽象人性论为基础的永恒公正观，揭示了公正的历史性、阶级性。恩格斯指出，永恒公正"始终只是现存经济关系的或者反映其保守方面，或者反映其革命方面的观念化的神圣化的表现"③。在希腊人和罗马人看来，以等级制为基础的奴隶制是公正的制度；在资产阶级看来，以等级制为基础的封建制度则是不公正的制度。马克思在批判拉萨尔的"公平的分配"思想时说："什么是'公平的'分配呢？难道资产者不是断言今天的分配是'公平的'吗？难道它事实上不是在现今的生产方式基础上唯一'公平的'分配吗？"④ 马克思恩格斯反对从永恒正义中去寻找历史变革的原因，认为"一切社会变迁和政治变革的终极原因，不应当在人们的头脑中，在

---

① 《马克思恩格斯全集》第 46 卷上册，人民出版社，1979，第 197 页。
② 《马克思恩格斯选集》第 3 卷，人民出版社，2012，第 257 页。
③ 《马克思恩格斯选集》第 3 卷，人民出版社，2012，第 261 页。
④ 《马克思恩格斯选集》第 3 卷，人民出版社，2012，第 361 页。

人们对永恒的真理和正义的日益增进的认识中去寻找，而应当在生产方式和交换方式的变更中去寻找"①。人们之所以会形成现存社会制度不公平的认识，就在于现存的社会制度已不能适应不断变化的生产方式了。

马克思恩格斯深刻地批判了资本主义制度的不公正性。马克思恩格斯首先从辩证唯物主义和历史唯物主义出发肯定了资本主义制度的进步意义。资产阶级提出了自由、平等、人权等口号，相对于前资本主义社会而言，资本主义社会是更自由、平等的社会。资本主义制度在政治上赋予公民更多的民主与权利，人们的独立性、主动性得到前所未有的增强。正是人的进一步解放推动资本主义社会的生产力以前所未有的速度向前发展。然而，这种公正只是限于政治和法律层面的形式公正，在社会经济领域资本主义制度呈现出异常突出的不公正现象。由于生产资料的资本主义私有制，资本主义的劳动以异化劳动的形式存在，工人的劳动产品不能归工人所有，工人劳动所创造的价值与资本家支付给工人的工资之间存在差额，工人创造的剩余价值被资本家无偿占有。"它用公开的、无耻的、直接的、露骨的剥削代替了由宗教幻想和政治幻想掩盖着的剥削"②，并且由于生产资料的资本主义私有制，工人阶级为了维持生计不得不接受资本家的剥削，整个资本主义社会呈现出劳动者极端贫困、不劳动者骄奢淫逸的极不公正现象。即使是在政治和法律方面，这种公正也只是徒有形式而无实质内容的。恩格斯说："法律上的平等就是在富人和穷人不平等的前提下的平等，即限制在目前主要的不平等的范围内的平等，简括地说，就是简直把不平等叫做平等。"③ 资产阶级通过革命废除封建等级特权，只是为了把"把历代的一切封建特权和政治垄断权合成一个金钱的大特权和大垄断权"④。资本主义制度下不公正现象的产生，从根本上来说源于生产资料的

① 《马克思恩格斯全集》第 20 卷，人民出版社，1971，第 292 页。
② 《马克思恩格斯选集》第 1 卷，人民出版社，2012，第 403 页。
③ 《马克思恩格斯全集》第 2 卷，人民出版社，1957，第 648 页。
④ 《马克思恩格斯全集》第 2 卷，人民出版社，1957，第 647 页。

资本主义私有制。正如马克思所说："在雇佣劳动制度的基础上要求平等的或甚至是公平的报酬，就犹如在奴隶制的基础上要求自由一样。"① 因此，要想建立真正公正的社会，必须消灭私有制、消灭阶级和剥削，推翻不公正的资本主义制度，建立人人自由、平等的自由人联合体。

马克思恩格斯较为详细地描绘了真正公正的未来共产主义社会。首先，未来的共产主义社会实行生产资料公有制。马克思恩格斯认为，虽然社会不公正出现的根本原因在于生产力有所发展但发展不充分，但是直接的经济根源在于生产资料私有制，"劳动者在经济上受劳动资料即生活源泉的垄断者的支配，是一切形式的奴役即一切社会贫困、精神屈辱和政治依附的基础"②，因此，马克思恩格斯认为，要建立真正公正的社会首先就需要消灭资本主义私有制，代之以生产资料公有制。这并不是由永恒的正义原则决定的，而是社会历史发展的必然。随着资产阶级和无产阶级之间矛盾的日益尖锐，资本主义生产方式的内在矛盾即生产资料资本主义私有制和社会化大生产之间的矛盾日益激化，最终引发了无产阶级革命。夺取政权后的无产阶级将大规模社会化的生产资料变为国家财产，建立生产资料公有制。其次，未来的共产主义社会是一个人人劳动的社会。人人劳动是空想社会主义者关于未来社会的一条基本原则。在莫尔描绘的乌托邦中，务农是每一个有劳动能力的人必须从事的活动。同时，除裁制衣服外，每个人还需掌握至少一门其他方面的技艺。人们既可以学习自己父辈们所掌握的技艺，也可以从事家传以外的行业。如果条件允许，人们还可以学习多种技艺，家庭和政府都会为他们创造条件。温斯坦莱认为真正的共和国的自由就是使用土地的自由，每个人可以自由地使用土地、耕种土地并在土地上建筑房屋，可以自由地支配和享用自己的劳动果实。傅立叶认为劳动权是"最主要的天赋人权"③，并且是十二种人权中的"第一

---

① 《马克思恩格斯选集》第 2 卷，人民出版社，2012，第 47 页。
② 《马克思恩格斯全集》第 16 卷，人民出版社，1964，第 15 页。
③ 《傅立叶选集》第 2 卷，庞龙、冀甫译，商务印书馆，1959，第 7 页。

种权利"①。马克思恩格斯认为，在未来的共产主义社会，凡是有劳动能力的人都必须参加劳动，劳动不仅是个人获得生活资料的依据，更是实现人的自由全面发展的根本途径。再次，未来社会实行按劳分配和按需分配。马克思恩格斯依据生产力的发展状况，将未来的共产主义社会划分为两个发展阶段，即共产主义社会第一阶段和共产主义社会高级阶段。在不同的社会经济条件下必然存在不同的分配方式，不同的分配方式也必将产生不同的公正观念。在共产主义社会第一阶段，生产资料归社会公有，商品交换不再存在，个人的劳动直接成为社会总劳动的组成部分。个人消费资料的分配则采取按劳分配的方式，即在作了必要扣除后，根据每个人为社会提供的劳动量分配消费资料。因此，共产主义社会第一阶段的公正主要体现在"生产者的权利是同他们提供的劳动成比例的；平等就在于以同一尺度——劳动——来计量"②。然而，由于每个劳动者的个人禀赋和劳动能力的差异，由于每个劳动者所在的家庭的人数不一样，这种以按劳分配方式来分配消费资料的平等的权利事实上成为一种不平等的权利，成为资产阶级权利。在马克思恩格斯看来，这种不平等在共产主义社会第一阶段是不可避免的，只有到了共产主义社会高级阶段，这种弊端才能消除。在共产主义社会高级阶段，生产资料归社会公有，社会分工、脑力劳动和体力劳动之间的对立已经消失，劳动成为生活的第一需要，生产力高度发达，物质财富极度丰富，消费资料实行按需分配，人类从此进入一个各尽所能、各取所需的真正公正的社会。最后，未来的共产主义社会是权利与义务相统一的社会。马克思主义认为，人是社会的人，社会是人的社会。个人要为社会作贡献，社会也要为个人服务。这就决定了权利和义务是统一的。马克思说："没有无义务的权利，也没有无权利的义务。"③ 1891年恩格斯在批判社会民主党纲领草案时明确指出："我提议把'为了所有人的平等

---

① 《傅立叶选集》第2卷，庞龙、冀甫译，商务印书馆，1959，第94页。
② 《马克思恩格斯选集》第3卷，人民出版社，2012，第364页。
③ 《马克思恩格斯选集》第3卷，人民出版社，2012，第172页。

权利'改成'为了所有人的平等权利和平等义务'等等。平等义务，对我们来说，是对资产阶级民主的平等权利的一个特别重要的补充，而且使平等权利失去道地资产阶级的含义。"① 此外，马克思恩格斯还对未来共产主义社会的教育公正、人与自然关系上的代际公正问题进行了阐述。因此，我们可以说，马克思主义经典作家所设想的未来共产主义社会是以生产资料公有制为基础的公正社会，它的最终目标是实现每个人自由而全面的发展。

第三节 中国特色社会主义基本价值观念的内容

如前所述，中国特色社会主义基本价值观念是体现社会主义制度本质的社会主义核心价值观念在当代中国的体现，是社会主义核心价值观念在当代中国经济、政治、文化、社会、生态等领域的具体展开。本着既体现社会主义本质要求又立足当代中国社会现实状况和反映民众现实价值诉求、既继承中华优秀传统文化又吸收世界文明有益成果的基本要求，中国特色社会主义基本价值观念可以概括为"人本、公正、共富、民主、包容、和谐"。

一 人本

人的自由全面发展是马克思主义的终极价值目标，"人本"则是人的自由全面发展目标在当代中国的具体体现。同时，"人本"也是西方文化的重要价值观念，但它的形成却经历了一个不断演化的过程。宗教信仰与人文思想的冲突是西方文化的内在矛盾之一。近东文明时期，西方文化坚持以神为本，神、宗教在人们的日常生活中居于主导地位。在美索不达米亚文明中，神被视为各个城邦的缔造者和城邦生活的主宰者，生活在城邦

---

① 《马克思恩格斯选集》第 4 卷，人民出版社，2012，第 291 页。

中的人被视为诸神的奴仆。在埃及文明中，宗教主导着全部社会生活。据希腊著名历史学家希罗多德所说，所有民族中最笃信宗教的就是埃及人，他们所崇拜的神据说有数千个之多。宗教活动是埃及人最主要的日常活动，就连埃及法老也把主要精力用在从事宗教礼拜上。宗教在近东文明中的这种主导作用使得这个时期的法律也主要以神裁法的形式出现。无独有偶，新大陆被发现前的古代美洲的玛雅文明和阿兹特克文明也崇拜神灵。古希腊罗马时期，一方面，宗教在社会生活中仍然发挥着重要作用，产生了后来成为基督教和伊斯兰教主要思想来源的犹太教；另一方面，人的地位和作用日益凸显，理性精神成为古代希腊罗马文明的核心内容。古希腊时期智者派的代表人物普罗泰戈拉提出了"人是万物的尺度"的主张，就连古希腊宗教的诸神本身也带有明显的人化倾向。由此可知，古希腊罗马时期是一个以神为本位和以人为本位并存、以人为本位略占优势的时期。从罗马帝国时期到中世纪，是一个以神为本的价值观念居于绝对统治地位的时期。宗教成为人们社会生活的主要内容，甚至一度成为人们社会生活的唯一内容，哲学、文学、艺术均沦为宗教神学的婢女。同时，基督教教义成为判断一切事物价值有无及大小的根本依据和唯一标准。文艺复兴运动以来，人们在反对宗教迷信和封建专制的过程中高举人文主义旗帜，以人为本的价值观念代替以神为本的价值观念并逐渐占据主导地位。然而，近代以来的以人为本的价值观念在不同的历史时期具有不同的内涵。首先，从价值主体来说，以人为本的价值观念中的"人"在不同时期所指的对象不同。在文艺复兴至资产阶级革命时期，为了团结广大人民完成反对封建专制的任务，资产阶级所宣扬的以人为本价值观念中的人是没有民族和国别差异的全体人类。然而，在革命取得成功特别是政权得到巩固之后，生产资料资本主义私有制得以确立，这就决定了以人为本的价值观念中的"人"是也只能是资产阶级，资产阶级的利益和需要成为衡量事物价值有无、价值大小的根本依据。到了垄断资本主义时期，人又仅限于垄断资产阶级。如今，在西方发达资本主义国家，无论在经济方面还是在政治方面，具有决定作用、处于支配地位的是少数掌握大量资源、控制经济命脉乃至整个社会生活的利益集团。其次，从具体内容来说，在以人的什么为本上也相应地经历了一个变化过程。从文艺复兴时期到资产阶级革命时期，争取和保护人的权利成为人们生活的主要目标。权利不仅成为思想家探讨的核心内容，而且成为资本主义制度设计的首要考量因素和广大民众关注的焦点内容，并成为衡量某种社会制度是否具有合法性的根本依据。然而，资产阶级革命胜利后，随着资本主义经济的发展，资本在经济生活、政治生活和社会生活中的作用日益凸显，并最终成为整个社会生活的实际控制力量。这样，以权利为本位的价值观念就让位于以金钱为本位的价值观念。如今，资本已经深深地融入西方资本主义国家的经济、政治、文化和社会生活的方方面面，金钱成为衡量一个人、一个集体乃至一个国家价值的根本标准。

中华文化传统价值观念从整体上来说是以人为本位的价值观念。诚然，在先秦时期特别是在殷周时期，"中国的文化与社会毫无疑问是整个地笼罩在天神信仰的氛围之中"[①]，但即使是在这个时期，中国传统文化也孕育着人文思想。如"浩浩昊天，不骏其德。降丧饥馑，斩伐四国。昊天疾威，弗虑弗图"（《诗经·雨无正》），"天不可信，我道惟宁王德延"（《尚书·君奭》）等，这些都鲜明地体现了天神权威的衰落和人文价值的彰显。在秦汉以来两千多年的中国传统社会中，以人为本的价值观念占据主导地位。有学者认为"以人为本"的提法最早出现于《管子》一书中，"夫霸王之所始也，以人为本，本治则国固，本乱则国危"（《管子·霸言》）。从主体上来说，以人为本的价值观念在中国传统文化中表现在两个方面。第一个方面是民本观念。所谓民本即以民为本，强调重民、亲民、爱民。民本观念在中国传统文化中源远流长，影响甚大。先秦典籍中就蕴含着丰富的民本思想，如"汝无侮老成人，无弱孤有幼，各长于厥

---

① 韦政通：《中国思想史》，上海书店出版社，2003，第31页。

居"（《尚书·盘庚》），"民惟邦本，本固邦宁"（《尚书·五子之歌》），这些内容充分体现了亲民、爱民的思想。除了亲民、爱民之外，还有要求重视民意的思想，如"国将兴，听于民；将亡，听于神"（《左传·庄公三十二年》）。同时，孟子还提出了"民贵君轻"的思想，老子强调统治者应该以百姓的诉求为立足点和归宿。产生于先秦时期的这种亲民、爱民、重视民意的传统对后世产生了深远影响。汉代的贾谊提出了"民无不为本也"（《新书·大政》）的观点。明末清初的黄宗羲不仅阐发了丰富的民本思想，如"天下之治乱，不在一姓之兴亡，而在万民之忧乐"（《明夷待访录·原臣》），而且还指出民本思想的大敌是封建专制制度。他说："为天下之大害者，君而已矣。"（《明夷待访录·原君》）与黄宗羲同时代的还有顾炎武、王夫之，他们都认为，君主为一姓之私而集权力于一身是历代乱政、弊政的根源。第二个方面是君本观念。尽管中国传统文化中有丰富的民本思想，但这种民本思想并不等同于"以民为本位"的思想，传统时期的"民本"从根本上说只能算是统治阶级的一种驭民之术而已。中国传统文化中真正的价值本位观念是以君王为本位的"君本观念"。近代以前的中国传统社会是封建专制社会，君主不仅是整个国家的所有者，而且还是全体臣民的主人。君主的意志构成封建社会律令的主要内容，成为衡量人们言行是否合法的主要依据。无论是纲常制度还是宗法制度，都为君本观念的实现提供了制度支撑。从具体内容上看，中华文化传统价值观念是以权力为本位的观念或者说是"官本位"观念。在中国传统社会，获得一定官职成为包括知识分子在内的所有民众追求的价值目标，能否获得官职成为衡量一个人价值大小的唯一标准。这种官本位的价值观念直至今天仍对我们产生着重要影响。

"人本"符合当代中国发展的现实需要和人类社会的发展趋势。改革开放以来，我国确立了以经济建设为中心的基本路线，"发展是硬道理"的观念深深地融入党、政府的大政方针和人民的思想意识中，极大地促进了生产力的发展和综合国力的增强。据统计，从 1978 年至 2018 年的 40 年中，我国经济年均实际增长 9.5%，远远高于同期世界经济 2.9% 左右的平均增速。从经济总量上看，2010 年超过日本成为世界第二大经济体后，我国国内生产总值占世界生产总值的份额不断攀升，从 1978 年的 1.8% 上升到 2018 年的 15.2%。① 城乡居民人均可支配收入大幅增加，2022 年，城镇居民人均可支配收入达到 49283 元，比 1978 年增长了 144 倍；农村居民人均可支配收入为 20133 元，比 1978 年增长了 150 倍。② 然而，在经济高速增长的过程中，出现了许多制约人的自由全面发展的重大问题。具体来说，收入差距持续扩大，共同富裕任务艰巨；基本公共服务发展不均衡，由于体制机制不完善、制度衔接不到位、资源配置不合理、管理条块分割等，我国城乡的公共服务在基础设施、人员配置、财政投入、供给水平等方面呈现出发展不均衡的状况，基本公共服务方面的城乡二元体制现象明显；社会安全形势严峻，食品安全、交通安全、人身安全、财产安全、生产安全、信息安全等问题给人民的日常生活造成了威胁；生态环境恶化，由于产业结构、能源结构不合理和社会环保意识、环保能力有待提高，水污染、土地污染、大气污染给人民的生命安全造成了危害；等等。这些亟须解决的重大问题要求我们必须转变原有的 GDP 至上的发展理念，树立以人为本的发展理念。同时，虽然西方发达资本主义国家的现代化建设也取得了巨大成就，但整个社会弥漫着浓浓的物化氛围，环境问题、社会问题、人的片面发展问题引起国际社会高度关注。国际国内发展的严峻形势表明，坚持以人为本成为人类社会发展的必然趋势。

当代中国的"人本"观念在性质上是马克思主义的"人本"观念，它与西方近现代人本观念和中国传统民本观念存在本质区别。首先，当代中国的"人本"观念不同于西方近现代的"人本"观念。从主体来说，西方近现代的"人本"观念是以资本家为本，当代中国的"人本"观念是以工

---

① 《十九大以来重要文献选编》上，中央文献出版社，2019，第 725 页。
② 国家统计局网站，https://data.stats.gov.cn/ks.htm? cn=C01。

人阶级和广大劳动人民为本；从内容上说，当代西方的价值本位观念强调以资本为本，而当代中国的价值本位观念强调以人的自由全面发展为本。其次，当代中国的"人本"观念不同于中国传统的"民本"观念。当代中国"人本"观念中的"人"是作为国家主人的人民，中国传统"民本"观念中的"民"是臣民，同时中国传统社会的价值本位观念是"君本"观念而不是"民本"观念。从主体上来说，当代中国以工人阶级和广大劳动人民为本，中国传统社会则以君主为本；从内容上来说，当代中国以人的自由全面发展为本，而中国传统社会则以权力为本。简而言之，在以什么主体为本的问题上，当代中国的"人本"观念坚持以最广大人民群众的根本利益为本，尤其是坚持以工人、农民的根本利益为本。在以主体的什么为本的问题上，当代中国的"人本"观念坚持以人的自由全面发展为本，换言之，"坚持以人为本，就是要以实现人的全面发展为目标，从人民群众的根本利益出发谋发展、促发展，不断满足人民群众日益增长的物质文化需要，切实保障人民群众的经济、政治和文化权益，让发展的成果惠及全体人民"①。

二　公正

公正不仅是共产主义社会的本质特征，也是人类社会普遍的价值追求。尽管现代意义上的公正观念发端于近代，但公正思想却源远流长。古希腊时期，以苏格拉底、柏拉图和亚里士多德为代表的思想家对公正问题进行了广泛探讨，他们都把公正视为人类最高的德性。到了近代，思想家们以人权为基本依据，对公正问题进行更高层次的探讨。爱尔维修认为正义是立法的基础和归宿，法律修订也只能是出于维护正义的需要。威廉·葛德文认为"正义是从一个有知觉的人和另一个有知觉的人的联系中产生的一种行为准则"②。他认为，公正原则用一句话来概括就是"一视同仁"。

---

① 《十六大以来重要文献选编》上，中央文献出版社，2005，第850页。
② 〔英〕威廉·葛德文：《政治正义论》第1卷，何慕李译，商务印书馆，1980，第85页。

弗里德里希·包尔生则认为："正义作为一种道德习惯，是这样一种意志倾向性和行为方式，它制止自己对他人的生命与利益的干扰，而且，只要可能也阻止他人进行这种干扰。"① 公正问题也成为当代人们普遍关注的问题，罗尔斯和诺齐克就是其中的主要代表。罗尔斯认为，正义是社会制度的首要价值。罗尔斯将自己的公正思想称为公平正义论。他认为，公正就是"所有社会价值——自由和机会、收入和财富、自尊的社会基础——都要平等地分配，除非对其中一种价值或所有价值的一种不平等分配合乎每一个人的利益"②。关于如何实现公正，罗尔斯提出了两个原则：第一个原则是"每个人对与所有人所拥有的最广泛平等的基本自由体系相容的类似自由体系都应有一种平等的权利"；第二个原则是"社会和经济的不平等应这样安排，使它们：①在与正义的储存原则一致的情况下，适合于最少受惠者的最大利益；并且②依系于在机会公平平等的条件下职务和地位向所有人开放"③。其中，第一个原则为第一优先原则或称为自由的优先性。与罗尔斯同时代的在公正研究方面具有很深造诣的思想家是诺齐克。尽管今天人们普遍将公正与分配联系起来，但是诺齐克却反对这种做法。他认为，分配不是一个中立的概念，主张用"持有"代替"分配"，因而诺齐克的公正思想又被称为持有公正论。

"公正"是当代中国社会的现实诉求。实现民族独立、人民解放，国家富强、人民富裕是近代以来中国人民所肩负的两大历史任务。近代以来，为了实现民族独立、人民解放，中国人民进行了艰苦卓绝的斗争。无论是开明地主阶级还是贫苦农民阶级，无论是资产阶级改良派还是资产阶级革命派，虽都付出了艰辛努力但始终未能完成民主革命的任务，这项任

---

① 〔德〕弗里德里希·包尔生：《伦理学体系》，何怀宏、廖申白译，中国社会科学出版社，1988，第517页。

② 〔美〕约翰·罗尔斯：《正义论》，何怀宏、何包钢、廖申白译，中国社会科学出版社，2009，第48页。

③ 〔美〕约翰·罗尔斯：《正义论》，何怀宏、何包钢、廖申白译，中国社会科学出版社，2009，第237页。

务最终历史地落在无产阶级和中国共产党人肩上。中国共产党诞生以后，以毛泽东同志为主要代表的中国共产党人带领全党全国各族人民先后进行土地革命战争、抗日战争和解放战争并最终建立自由、平等、民主的社会主义新中国。党的十一届三中全会以后，以邓小平同志为主要代表的中国共产党人坚持以经济建设为中心，大力发展社会生产力，极大地增强了我国的综合国力。但是，在经济取得巨大成就的同时，经济和社会之间出现了明显的发展不平衡，换句话说，社会发展明显滞后于经济发展。当前，社会公正问题已经成为一个影响我国经济社会发展大局的重大理论和实践问题。比如贫富差距扩大，城乡二元格局长期存在，城乡资源配置不合理，教育资源不均，社会阶层流动不畅甚至出现阶层固化，同工不同酬，等等。这些社会不公正现象不仅严重影响社会的和谐与稳定，而且成为我国经济社会持续健康发展的制约因素。同时，社会公正问题成为社会公众和党政高级干部关注的焦点问题。有关调查显示，公正成为社会公众认同度最高的价值理念，[①] 在学术界关于社会主义核心价值观表述居前十位的范畴中荣居首位，[②] 同时社会公正问题也成为当前我国党政领导干部关注的重大思想现实问题。

当代中国的公正观念首先是理想与现实相统一的价值观念。马克思主义经典作家所设想的以生产资料公有制为基础的共产主义社会，因生产力发展水平的不同而分为两个阶段，即共产主义社会第一阶段和共产主义社会高级阶段，与此相对应，存在两种不同形态的公正社会即实行按劳分配的相对公正的共产主义社会和实行按需分配、每个人自由全面发展的公正社会。当前，我国正处于并将长期处于社会主义初级阶段，这就决定了当代中国的公正观念只能是具有社会主义性质的相对公正观念，是一种在生

---

① 陈延斌、周斌：《中国省域民众核心价值观调查报告》，《人民论坛·学术前沿》2013 年第 9 期。

② 张智：《当代中国社会主义的价值自觉——社会主义核心价值观研究回顾与前瞻》，《教学与研究》2013 年第 10 期。

产力不高度发达、物质财富不极度丰富条件下的公正观念。其次，当代中国的公正观念是超越传统公正观念的价值观念。古典主义的公正观念是以等级制为基础的观念，无论是古希腊的柏拉图、亚里士多德的公正观念，还是中国传统的仁义观念都是如此，它们都是以坚持和维护等级制度为前提的。同时，中国传统文化的公正观念从本质上说是一种个人道德层面的公正观念，主要是通过个人的德性修养来实现的，它不是以制度价值目标的形式存在的。近代以来特别是启蒙运动以来，在契约理论、人权理论等的影响下，西方思想家的公正理论是一种以自由、平等等法权为基础的理论，如罗尔斯、诺齐克、哈耶克、麦金泰尔等思想家的公正理论就是如此。现当代西方公正理论的代表人物是罗尔斯和诺齐克，二者都是围绕自由、平等与公正的关系而建立起不同的理论体系的。他们都是在维护生产资料资本主义私有制的前提下进行理论建构的，同时在自由和平等的关系上他们奉行的是自由优先的原则，尽管罗尔斯的公正思想具有平等主义倾向，但他的公正理论仍坚持自由优先原则。与之相反，作为中国特色社会主义基本价值观念的"公正"观念以生产资料公有制为基础，坚持平等优先原则，并且这种平等不同于西方的形式平等，是一种实质平等。因此，当代中国的"公正"观念以生产资料公有制为基础、以平等优先为前提、以人民利益为依据、以共同富裕为目标，是形式公正与实质公正、权利公正与分配公正、同代公正与代际公正、国内公正与国际公正的辩证统一。

三 共富

"共富"是社会主义制度的本质特征。自人类进入阶级社会以来，无论是在奴隶社会、封建社会还是资本主义社会，生产资料都是归占人口少数的统治阶级所有。占人口多数的广大劳动人民则始终处于被奴役、被剥削的地位，他们所创造的物质财富除了维持生存所需的基本生活资料以外均被统治阶级无偿占有。无论是空想社会主义者还是马克思主义经典作家都对资本主义私有制和资本主义社会里的贫富分化现象进行了激烈批判，马克思恩格斯的科学社会主义理论正是在批判资本主义私有制及剥削制度的基础上创建的。在资本主义社会里，生产资料归资产阶级私人所有，无产阶级除了劳动力之外一无所有。资本家用资本从市场上购买工人的劳动力，使工人为资本家劳动，工人阶级在劳动中所创造的价值除了自己的工资以外的相当大的一部分被资本家无偿占有。资本家为了获得更多的剩余价值，不断加重对工人阶级的剥削，使得富有的人越来越富有、贫困的人越来越贫困，最终资本主义社会形成财富积聚和贫困积累并存的情形。当资本家与工人之间的矛盾激化到不可调和的程度，资本主义制度灭亡的日子就来到了。在代替资本主义社会的未来社会中，资本主义私有制被废除，生产资料归全社会公有，劳动产品在做了必要扣除后实行按劳分配（共产主义社会第一阶段）或按需分配（共产主义社会高级阶段）。无产阶级不仅要解放自己，而且还要解放全人类，最终实现每个人自由全面发展。这些都为"共富"这个基本价值目标的确立提供了理论依据和制度支撑。我国作为社会主义国家，确立了生产资料公有制在国家中的主导地位，人民真正成为国家的主人，这就要求我们不仅要大力发展社会生产力，而且还要让全体人民共享经济社会发展成果，最终实现共同富裕。

"共富"是中国共产党人始终不渝的价值追求。中国共产党自成立之日起，就将实现共产主义作为自己的最高奋斗目标，明确表示要废除资本主义私有制，没收资本家的机器、土地、厂房等一切生产资料使其归社会所有，认为"私有财产是现社会中一切特殊势力的根源"[1]。以毛泽东同志为主要代表的中国共产党人带领全党全国人民推翻了"三座大山"，取得了新民主主义革命的胜利，建立了人民民主专政制度，完成了生产资料的社会主义改造，为实现全体人民的共同富裕奠定了政治基础和制度保障。

---

[1] 《建党以来重要文献选编（一九二一——一九四九）》第 1 册，中央文献出版社，2011，第 486 页。

党的十一届三中全会以后，以邓小平同志为主要代表的中国共产党人在理论上科学回答了"什么是社会主义，怎样建设社会主义"这个根本问题，明确指出社会主义的本质是"解放生产力，发展生产力，消灭剥削，消除两极分化，最终达到共同富裕"；在实践中果断停止了以阶级斗争为纲的错误路线，实现工作中心向经济建设的战略转移并作出了改革开放的战略决策，允许和鼓励一部分地区、一部分企业和一部分人通过诚实劳动、合法经营先富起来，极大地促进了社会生产力的发展，为共同富裕目标的实现奠定了雄厚的物质基础。党的十三届四中全会以后，以江泽民同志为主要代表的中国共产党人，在理论上围绕"怎样建设党，建设什么样的党"这个问题，形成了"三个代表"重要思想，明确表示中国共产党要代表最广大人民的根本利益；在实践上，坚持以经济建设为中心，确立了社会主义市场经济体制的改革方向，不断完善我国的基本经济制度和分配制度，朝着共同富裕的方向不断推进。党的十六大以后，以胡锦涛同志为主要代表的中国共产党人围绕"实现什么样的发展，怎样发展"这个问题，形成了科学发展观等重大战略思想，在保持国民经济持续健康稳定发展的同时，调整国民收入分配格局，加大收入再分配调节力度，逐步缩小城乡、区域之间的贫富差距和解决发展不平衡问题。党的十八大以来，以习近平同志为主要代表的中国共产党人提出消除贫困、改善民生、实现共同富裕是社会主义的本质要求，明确表示要使发展成果更多更公平地惠及全体人民，在经济不断发展的基础上朝着共同富裕方向稳步前进，表示要在 2035 年基本实现现代化时全体人民共同富裕迈出坚实步伐，21世纪中叶建成社会主义现代化强国时基本实现全体人民共同富裕。同时，中华民族伟大复兴的中国梦是一个和平的梦，中国在处理国与国之间的关系时坚持和平、发展、合作、共赢的方针，各国和各国人民应该共同发展、共同享有发展成果。

"共富"充分体现了当代中国的现实国情和人民群众的价值诉求。改革开放以来，中国经济始终保持高速增长态势，综合国力大幅提升。从对外贸易方面来说，我国已成为世界第一大货物贸易国、第一大外汇储备国、第二大外资流入国；从经济总量上来说，1986 年我国经济总量首次突破万亿元，2014 年我国经济总量历史性突破 10 万亿美元，成为世界上第二个达到 10 万亿美元规模级别的经济体，2022 年更是达到 18 万亿美元，稳居世界第二位；从占世界经济总量的比重来说，2001 年中国经济占世界经济总量的比重约为 3%，而 2021 年则占世界经济的 18.5%。然而，中国是一个拥有 14 亿多人口的人口大国，人均 GDP 在世界上处于中等国家水平，中国仍然是世界上最大的发展中国家。在经济快速发展的进程中，贫富差距逐渐拉大，区域之间、城乡之间发展不平衡。同时，收入差距问题成为政府、党政领导干部和广大人民群众关注的焦点问题，收入差距问题本身及其引发的其他社会问题已成为中国社会健康持续发展的重要制约因素。因此，将"共富"作为中国特色社会主义基本价值观念，不仅体现了人本、公正的基本原则，而且符合社会主义制度的本质要求，体现了中国共产党人的价值追求，更顺应了广大人民群众的迫切期待。

"共富"基本价值目标的实现受多重因素的影响。首先，受经济发展状况的制约。一个国家的经济发展状况直接决定该国人民的总体收入水平。古人云，巧妇难为无米之炊。要想使民众分得更多的蛋糕首先需要做大蛋糕，对于中国这样一个人口众多的发展中国家来说更是如此。要想使全体人民能够共享发展成果就需要大力发展生产力，坚持"一个中心、两个基本点"长期不动摇；就需要不断变革与生产力发展状况不相适应的生产关系，激发广大人民群众的积极性、创造性；就需要不断加强对外开放与交流，顺应世界经济发展趋势和潮流。只有调动一切可以调动的积极因素，才能为共同富裕价值目标的实现提供坚实的物质基础。其次，受收入分配制度的影响。在国家经济发展状况一定的情况下，民众的总体收入水平受分配制度的影响。"资产阶级在它的不到一百年的阶级统治中所创造的生产力，比过去一切世代创造的全部生产力还要多，还要大"①，但即使是在最发达的资本主义国家贫富差距仍然很大，这主要是资本主义国家的分配制度导致的。因此，我们在坚持以按劳分配为主体的前提下需要进一步完善我国现有的分配制度，形成有利于全体人民共享发展成果的分配制度。最后，受财政、税收等具体政策的影响。从政策工具层面上来说，一个国家的财政、税收等宏观政策也会对民众的总体收入水平产生影响。财政和税收不仅为民众收入的增加提供基本条件，而且甚至会成为人民收入的直接来源。科学合理的财政和税收政策有利于缩小收入差距，反之，则会扩大不同群体之间的收入差距。除此之外，物价水平、社会保障、医疗卫生、教育投入等也会对民众的实际生活水平产生影响。

"共富"，具体地说就是让经济发展成果惠及全体人民，让全体人民共享改革发展成果。但是当代中国的共同富裕不等同于同步富裕，更不等同于平均主义。"我们要实现 14 亿人共同富裕，必须脚踏实地、久久为功，不是所有人都同时富裕，也不是所有地区同时达到一个富裕水准，不同人群不仅实现富裕的程度有高有低，时间上也会有先有后，不同地区富裕程度还会存在一定差异，不可能齐头并进。这是一个在动态中向前发展的过程，要持续推动，不断取得成效。"② 当代中国的"共富"目标，包含以下几个层面的含义。第一个层面，就是要让全体人民过上有尊严的生活。这一点主要是指要使全体人民的基本生活需要都得到有力的保障。每一个人作为一个独立的价值主体，不分民族、种族、性别、年龄、信仰等方面的差异，都应享有其应有的人格和尊严，其中最基本的就是必须满足他们在衣食住行等方面的基本需要。对于那些基本生活需要不能得到有效满足的群体，政府和社会应通过各种途径为其提供有力的保障。第二个层面，就是要为全体人民的发展提供公平、公正的良好环境。每个人除了生存需要外，还有发展和享受等其他方面的需要。由于主客观条件的差异，每个人

---

① 《马克思恩格斯选集》第 1 卷，人民出版社，2012，第 405 页。
② 《习近平谈治国理政》第 4 卷，外文出版社，2022，第 146~147 页。

满足需要的能力是不一样的。政府和社会不可能保证每个成员同步发展、同等发展，这就需要政府和社会为每一个人发展及享受需要的满足营造一个公平的环境，并不断地加以改善。第三个层面，就是要有效调节不同群体之间的收入差距。每个人在自然禀赋、个人才能和后天努力等方面存在差异，这就会使得富者越来越富、穷者越来越穷。维护社会和谐与稳定，需要政府采取一定的政策加以有效调节，使不同群体之间的收入差距处于一个合理、可控的区间，这样既能激发人们的积极性和创造性，又能维护整个社会的和谐安定。

四　民主

"民主"是人类社会的共同追求。在人类社会发展的不同历史时期，尽管民主的本质及具体实现形式有所不同，但民主始终是人类梦寐以求的理想目标和始终不渝的价值追求。在原始社会，由于改造自然的能力较为低下，面对恶劣的自然条件人们只能以群体的形式共同劳动、共同占有生产资料和消费资料。受生产力水平的制约，人们相互之间都是平等的，共同管理氏族、部落内部的公共事务，这一时期形成了最原始的民主形式。在奴隶社会，由于农业经济相对来说占据优势，专制制度成为国家形态的主导形式，但在一些商品经济较为发达的地区，民主制得到了较大程度的发展，较为典型的就是古希腊时期的雅典城邦，不仅设立了公民大会、议事会和陪审法庭等组织机构，而且还实行直接选举制、任期制等民主形式，更为重要的是提出了"主权在民"的思想，对后世的民主理论与实践产生了重大而深远的影响。在封建社会，无论是西方国家还是中国，最为典型的国家形式是封建君主制度，但是在法国的马赛、意大利的威尼斯和佛罗伦萨以及俄国的诺夫哥罗德等城市中也形成了民主制度。在资本主义社会，由于资本主义工商业的发展和文艺复兴运动、启蒙运动的影响，民主成为新兴资产阶级反对封建制度的锐利武器和响亮口号，资产阶级革命胜利后，资本主义国家纷纷建立了以议会制、普选制、多党制和三权分立制等为核心的资本主义民主制度，并重视用法律来保护公民的基本权利，强调法律面前人人平等。即使在今天的资本主义发达国家，民主依然是其大力推崇的核心价值观念，他们也常常以民主国家自居。

"民主"是社会主义的生命。自空想社会主义产生以来，民主始终是社会主义者追求的价值理想。在16世纪的空想社会主义者莫尔所设想的未来社会乌托邦中，所有官员均由民主选举产生，除总督外，一切官员都实行任期制。任何国家大事都必须经议事会审议、批准，特殊情况下还需经全岛大会讨论，违反此规定者将以死罪论处。在康帕内拉所设想的太阳城中，公民会议中的成员不仅有权向政府公职人员提出意见，而且还可以对政府及其公职人员的失当言行进行批评。温斯坦莱主张，作为最高权力机关的议会的成员由全民选举产生，所有公职人员也都由选举产生。无论是议会成员还是公职人员都一年一选，实行任期制。18世纪的空想社会主义者摩莱里强调，未来社会的公民在法律面前一律平等，公职人员与普通公民享有同样的权利，没有任何特权，并且任期满后成为普通民众。巴贝夫认为资产阶级革命是一次尚未完成的革命，还需要进行一次人民革命并建立一切权力属于劳动人民的共和国。19世纪的空想社会主义者圣西门主张最高领导人由全民选举产生，妇女同男子一样享有选举权和被选举权。欧文主张公社的最高权力属于全体社员大会，公社的一切重大事务均由社员大会决定，公职人员不仅实行任期制而且还有年龄限制。马克思恩格斯不仅科学地揭示了民主的实质，深刻地批判了资本主义民主制度的阶级性和虚伪性，而且还明确指出无产阶级革命的第一步就是要推翻资产阶级的统治，建立无产阶级政权，使无产阶级成为统治阶级。列宁不仅带领俄国人民取得了十月革命的胜利，建立了世界上第一个社会主义国家，而且在晚年的"政治遗嘱"中明确表示苏维埃政权政治建设的中心内容和根本任务就是发展社会主义的新型民主。简而言之，无论是早期的空想社会主义者还是马克思主义经典作家，都将民主作为未来社会的重要价值目标。同时，世界社会主义运动的实践告诉我们：坚持、保证并充分发展社会主义民主，社会主义事业才能蓬勃发展；放弃、违反并破坏社会主义民主，社会主义事业就会走入歧途。

"民主"是中国共产党人的价值理想。中国共产党人历来高度重视民主政治建设。以毛泽东同志为主要代表的中国共产党人，带领全党全国各族人民推翻"三座大山"，建立了社会主义新中国，为我国的民主政治建设奠定了制度基础。同时，人民代表大会制度、共产党领导的多党合作和政治协商制度、民族区域制度的建立，为人民当家作主权利的真正实现提供了根本保障。以邓小平同志为主要代表的中国共产党人，不仅恢复和确立了解放思想、实事求是的思想路线，而且大力发展社会主义生产力，为当代中国的民主政治建设奠定了思想基础和物质基础，同时还大力发展社会主义民主，明确提出"没有民主就没有社会主义，就没有社会主义的现代化"①，"建设高度的社会主义民主，是我们的根本目标和根本任务之一"② 等论断。以江泽民同志为主要代表的中国共产党人，在新的历史时期继续把中国特色社会主义民主政治推向前进，不仅提出了依法治国、建设社会主义法治国家的战略任务，而且还明确指出"发展社会主义民主政治，最根本的是要把坚持党的领导、人民当家作主和依法治国有机统一起来"③。以胡锦涛同志为主要代表的中国共产党人，以科学发展观为指导，不断推进人民民主、党内民主建设，大力发展基层民主和协商民主，使当代中国的民主政治建设迈向了一个更高的阶段。党的十八大以来，以习近平同志为主要代表的中国共产党人，深化对民主政治发展规律的认识，提出全过程人民民主的重大理念，强调全过程人民民主是社会主义民主政治的本质属性，是最广泛、最真实、最管用的民主，掀开了中国特色社会主义民主政治建设的新篇章。

---

① 《邓小平文选》第 2 卷，人民出版社，1994，第 168 页。
② 《十二大以来重要文献选编》上，人民出版社，1986，第 33 页。
③ 《江泽民文选》第 3 卷，人民出版社，2006，第 553 页。

"民主"是当代中国社会的现实要求。首先，发展社会主义民主是深化经济体制改革的需要。党的十一届三中全会以来，中国共产党人坚持以经济建设为中心，确立了建立健全社会主义市场经济的改革目标，社会生产力获得了前所未有的发展。然而，随着经济体制改革的不断推进，以发扬社会主义民主为主要内容的政治体制改革越来越成为影响经济体制改革成效、制约经济持续发展的重要因素。不搞政治体制改革，经济体制改革就难以深入推进。正如邓小平在会见日本公明党委员长竹入义胜时所说："现在经济体制改革每前进一步，都深深感到政治体制改革的必要性。不改革政治体制，就不能保障经济体制改革的成果，不能使经济体制改革继续前进，就会阻碍生产力的发展，阻碍四个现代化的实现。"① 党的十八届三中全会提出要使市场在资源配置中起决定性作用，正确处理政府、市场、社会之间的关系，这就需要进一步深化政治体制改革，发展社会主义民主。其次，发展民主是全面深化改革的智力之源。党的十八大以来，以习近平同志为核心的党中央开启了全面深化改革的伟大征程，改革发展稳定任务之重前所未有，矛盾风险挑战之多前所未有，这就需要充分凝聚全党全国人民的智慧。因此，发展民主不仅成为新一届中央领导集体治国理政的重要内容，更为我们正在进行的全面深化改革事业汇集民智、凝聚民心。同时，民主还是当代中国民众的强烈诉求。随着市场经济的发展和对外开放的推进，人民群众的民主意识、权利观念日益增强。这就需要国家不仅要充分保障民众的政治权利，还要为民众政治参与提供科学、合理、可行的途径。

"民主"作为中国特色社会主义基本价值观念，具有独特的内涵与形式。首先，当代中国的"民主"不同于资本主义民主。在资本主义上升时期，新兴资产阶级为了团结广大劳动人民反对封建专制制度，高举民主、自由和人权的旗帜，宣称自己建立的民主制度代表了全人类的利益。但

---

① 《邓小平年谱（一九七五——一九九七）》下卷，中央文献出版社，2004，第1134页。

是，由于受经济关系的制约，资本主义民主是并且只能是资产阶级的民主，所谓的权利平等也只能是形式上的平等。当代中国的民主是社会主义民主，本质是人民当家作主，人民当家作主是社会主义民主政治的本质和核心。当代中国的民主是多数人享有的民主，不同于以往一切阶级社会的民主是少数人所独享的民主。当代中国的民主是以历史唯物主义为理论基础的民主，不是以抽象人性论为理论基础的虚伪的民主。其次，当代中国的"民主"不同于中国古代的"民本"观念。尽管中国传统文化中有丰富的民本思想，强调百姓是国家的根本，强调统治者应该重民心、顺民意，但从本质上来说"民本"观念远不是近现代意义上的民主观念，强调"民本"观念充其量只是封建统治者的一种统治策略而已，根本目的仍然是维护封建专制制度。同时，尽管在中国传统文化中有丰富的法治思想，但是这里的"法"代表的是封建地主阶级的利益，反映的是封建地主阶级的意志，远不是现代意义上以人人平等为基础的法治观念，其本质还是"人治"。概而言之，当代中国的"民主"是中国共产党领导下的人民民主，是以最广大人民群众当家作主为实质的真正民主，是以人民民主专政作为可靠保障的民主，是以民主集中制为根本组织原则和活动方式的民主。从制度上来说，当代中国的民主制度包括人民代表大会制度、中国共产党领导下的多党合作和政治协商制度、民族区域自治制度和基层群众自治制度；从具体内容上来说，当代中国的民主包括人民民主、党际民主和党内民主；从具体形式上来说，当代中国的民主包括选举民主和协商民主等。

五　包容

"包容"是人类文化繁荣进步的内在规律。文化有广义和狭义之分。广义上的"文化"是指人类在改造自然、社会和人本身的历史活动过程中，所创造的物质产品和精神产品的总和以及人的行为方式以人化的形式的特殊活动。① 蔡元培认为"文化是人生发展的状况",包括衣食住行以及经济、政治、道德、科学等方面的内容;② 梁启超认为文化是"人类心能所开释出来之有价值的共业也",③ 包括饮食服饰以及农事、政治、法律、教育、交通等内容。这些都是从广义上来说的。狭义上的"文化"主要是指以社会心理和社会意识形式为主要内容的精神文化,如政治法律思想、道德、宗教、艺术、哲学等。英国文化人类学家爱德华·泰勒认为文化是包括知识、信仰、艺术、道德、习俗以及包括作为社会成员的个人获得的其他任何能力、习惯在内的综合体。我们这里所探讨的文化主要指狭义上的精神文化。文化是人类社会实践活动的产物,不同的地理环境、历史条件、人口状况等,使得人类社会的不同时代、不同地区、不同民族具有不同类型、不同性质、不同形态的文化,文化多元、文化多样则成为人类文化存在的普遍状态。文化多样性是文化包容存在的前提,没有文化多样性也就没有文化包容问题的存在,文化多样性、文化包容性共同推动人类文化繁荣发展。文化包容不是仅指允许不同性质、不同类型、不同地域的文化存在,更重要的是指不同类型、不同性质、不同地位的文化平等共生、自由发展,并且在相互尊重的基础上取长补短、相互借鉴,只有这样才能推动人类文明不断向前发展。人类社会文化发展的历史经验反复告诫我们,文化包容则文化繁荣、文化独尊则文化凋落。欧洲文化之所以能独领风骚数百年,就在于它是在不断吸收、借鉴其他文化的基础上形成和发展的。作为欧洲文化重要思想来源之一的希腊文化是在吸收埃及文明和两河流域文明积极成果的基础上产生的,北方马其顿民族征服希腊建立罗马之后,不仅没有消灭原有的希腊文化,而是不断地从希腊文化中吸收优秀的文化因子。中世纪是一个基督教占据绝对统治地位的时代,基督教教义中的平等等思想进一步丰富和发展了欧洲文化,为后来的文艺复兴和启蒙运

---

① 肖前主编《马克思主义哲学原理》下册,中国人民大学出版社,1994,第685页。
② 徐俊西主编、龚海燕编《海上文学百家文库·14》,上海文艺出版社,2010,第56页。
③ 梁启超:《什么是文化》,《学灯》1922年12月1日。

动的发生提供了思想因子。同时，中华文化、印度文化、伊斯兰文化等对欧洲文化的形成和发展也产生了很大的影响。美国文明是一种更为典型的包容性文明。早期的美国是一个由多个欧洲国家共同统治的殖民国家，同时也是一个移民国家，这就使得美国文化的构成因子是多种多样的。美国文化之所以能对世界产生广泛而深远的影响，就在于它具有很强的包容性，它是在充分吸收欧洲文化、亚洲文化、非洲文化和印第安文化的基础上形成的。马克思主义经典作家之所以能创立科学社会主义理论，就在于他们批判地继承了前人的优秀文化成果，特别是德国古典哲学、英国古典政治经济学和英法空想社会主义中的合理思想元素。由此可见，包容是推动人类文化繁荣进步的必由之路。

"包容"是中国共产党文化方针的生动体现。无论是早期的空想社会主义者还是马克思主义经典作家都将文化发展作为未来社会建设的重要内容。16~17世纪的早期空想社会主义者康帕内拉所设想的太阳城特别重视教育科学文化的发展，要求小孩从两三岁起就看图识字，七岁开始学习自然科学和社会科学知识，并注重教育与生产劳动的结合。在19世纪的空想社会主义者欧文所设想的未来公社里，每一个人生下来就受到良好的教育，未来公社对七岁及以上的社会成员实行智育、体育和劳动教育等，努力培养德智体美全面发展的新人。马克思恩格斯设想的未来社会实行免费义务教育，旨在培养德智体美全面发展的新人。列宁则主张要学习和利用资本主义一切有价值的东西，并提出了进行"文化革命"的号召。这些都为中国共产党的文化建设提供了思想基础。中国共产党历来高度重视文化建设。新民主主义革命时期，中国共产党提出了建设无产阶级领导的人民大众的反帝反封建的新民主主义文化的任务，指出："建立中华民族的新文化，这就是我们在文化领域中的目的。"[1] 新中国成立后，为了推动社会主义文化的发展，中国共产党人遵循文化发展规律，提出了"百花齐放、

---

① 《毛泽东选集》第2卷，人民出版社，1991，第663页。

百家争鸣"的文艺发展方针。"百花齐放、百家争鸣"的方针是毛泽东在1956年4月召开的政治局扩大会议上最先提出来的,后来他就这一方针解释道:"百花齐放、百家争鸣的方针,是促进艺术发展和科学进步的方针,是促进我国的社会主义文化繁荣的方针。艺术上不同的形式和风格可以自由发展,科学上不同的学派可以自由争论。"① 尽管"文化大革命"期间,"百花齐放、百家争鸣"的方针曾一度遭受重创,但"文化大革命"结束后,中国共产党开展了文艺方针的拨乱反正,重新确立了"百花齐放、百家争鸣"的方针。邓小平说:"思想理论问题的研究和讨论,一定要坚决执行百花齐放、百家争鸣的方针,一定要坚决执行不抓辫子、不戴帽子、不打棍子的'三不主义'的方针,一定要坚决执行解放思想、破除迷信、一切从实际出发的方针。"② 此后,"百花齐放、百家争鸣"成为指导我国文化和艺术发展的基本方针。同时,中国共产党尊重并努力维护世界文化多样性,倡导不同文明之间相互借鉴、共同繁荣,鼓励不同文明之间相互交流、取长补短,共同推动人类文明繁荣进步。党的十八大报告明确指出:"尊重世界文明多样性、发展道路多样化,尊重和维护各国人民自主选择社会制度和发展道路的权利,相互借鉴,取长补短,推动人类文明进步。"③ 党的二十大报告更是号召世界各国弘扬和平、发展、公平、正义、民主、自由的全人类共同价值,"尊重世界文明多样性,以文明交流超越文明隔阂、文明互鉴超越文明冲突、文明共存超越文明优越,共同应对各种全球性挑战"④。

"包容"是中华文化发展的内在动力和现实选择。中华文明是人类文明发展史上唯一未曾中断的文明,究其原因,就在于中华文化具有非常典型的包容性特征。中国传统文化中蕴含着包容精神:《周易》中明确提出

---

① 《毛泽东文集》第7卷,人民出版社,1999,第229页。
② 《邓小平文选》第2卷,人民出版社,1994,第183页。
③ 《中国共产党第十八次全国代表大会文件汇编》,人民出版社,2012,第43页。
④ 习近平:《高举中国特色社会主义伟大旗帜 为全面建设社会主义现代化国家而团结奋斗——在中国共产党第二十次全国代表大会上的报告》,人民出版社,2022,第63页。

"厚德载物"的文化精神；西周末年思想家史伯提出"和实生物，同则不继"的命题，并表示"以它平它谓之和，故能丰长而物归之"（《国语·郑语》）；孔子则提出了"君子和而不同，小人同而不和"的思想；《中庸》中也有"万物并育而不相害，道并行而不相悖"的说法；等等。这些思想既是中华文化包容性特征的思想基础，也是中华文化包容精神的充分体现。中华文化几千年的发展史，就是一部典型的文化包容性发展史。从起源来说，中华文化包括两个源头，即具有内陆文化特征的黄河文化和具有海洋文化特征的长江文化。一直以来，人们都认为中华文化起源于黄河文化，但根据最新考古发现，中华文化并非只有黄河文化一个源头，发源于长江流域的长江文化也是中华文化的源头，二者共同塑造了中华民族。同时，中国是一个地域广阔、民族众多的国家，受社会历史条件、地理环境等诸方面的影响，形成了许多具有地域性、民族性的文化形态，如荆楚文化、黔贵文化、草原文化、齐鲁文化、台湾文化、西域文化、燕赵文化、巴蜀文化、关东文化、青藏文化等，这些文化各具特色又相互融合，共同缔造了中华文化。尽管从总体上来说，中华文化是以儒家思想为主导的文化体系，但是除了儒家思想之外，还包括道家、法家、墨家等各个流派的思想，并且儒家自身也在通过吸收、借鉴其他流派的因素而不断地发展。先秦时期是中国思想发展史上的黄金时期，呈现出儒家、道家、法家、墨家、阴阳家等多种流派竞相发展的百家争鸣景象，对后世中国文化的发展产生了巨大影响。尽管在西汉时期汉武帝提出了"罢黜百家、独尊儒术"的主张，但是在现实生活中其他流派仍然存在并产生着影响，就是被推上神坛的儒学也吸收和融合了道家、法家、阴阳家等其他流派的思想因素。最能说明中华文化包容性的是佛学与中华文化的结合。佛学于西汉末年传入中国，起初依附于道术后来又依附于玄学在中国逐渐传播开来，但是随着进一步传播及发展，佛学同当时的主流文化儒学在内容上发生了冲突。面对这种情况，佛门弟子将佛学同儒家、道家的思想相结合，创造了天台宗、华严宗、禅宗等新的佛教宗派。新佛教宗派的创立，不仅促进了佛教文化在中国的广泛传播，而且还丰富和发展了中华文化。正是这种包容性特征，推动中华文化不断发展，使中华文明成为世界文化史上迄今为止唯一未曾中断的文明。当今世界，全球化、信息化深入发展，文化交流交融交锋更加频繁，这既为中国文化的发展提供了历史机遇，也对中国文化的发展提出了诸多挑战。同时，随着市场经济体制改革的逐步深入，我国社会经济成分、组织形式、就业方式、利益关系日趋多样化，使得人们的思想观念日益多元多样多变，一方面为中国文化的发展注入了新的元素，另一方面也潜伏着许多不稳定因素。针对当前我国文化的发展状况，一方面我们需要坚持马克思主义在意识形态领域的指导地位，另一方面，我们也应该尊重人类文化发展规律，尊重差异、包容多样、相互借鉴，推动人类文明繁荣进步。

　　"包容"是当代中国指导文化发展的基本价值观念。党的十八大报告提出了建设社会主义文化强国的发展目标。围绕着提高文化软实力、建设社会主义文化强国的目标，坚持"包容"的基本价值观念，就是要加强不同文明之间的平等交流与对话，反对文化霸权主义，努力维护文明多样性，既要通过各种途径推动中华文化走出去，增进异国民众对中华文化的了解和认识，不断提高中华文化的影响力和我国的软实力，同时也要创设各种平台将他国文化请进来，批判性地学习和借鉴人类文明一切有益成果，不断丰富和发展中华文化；就是要继续坚持"百花齐放、百家争鸣"的方针，鼓励不同形式、不同风格的艺术创作自由发展，鼓励不同学派、不同观点的学术理论自由争论；就是要继续坚持宗教信仰自由的基本政策，使公民既有信仰宗教的自由也有不信仰宗教的自由，既有信仰这种宗教的自由也有信仰那种宗教的自由，使宗教信仰成为公民自由选择；等等。但是，我们需要铭记，我们所发展的文化是社会主义性质的文化，必须坚持社会主义的发展方向。具体地说，就是要坚持马克思主义的指导地位，坚持"为人民服务、为社会主义服务"的方向，加强马克思主义理论学习和理想信念教育，用马克思主义中国化的最新成果和中国特色社会主义共同理想武装全党、教育人民；就是要加强社会主义道德建设，以为人民服务为核心，坚持集体主义原则，不断培养全体公民的社会公德、职业道德和家庭美德；就是要加强社会主义民主和法治教育，不断提高广大民众的政治参与能力和学法守法用法水平；等等。因此，作为中国特色社会主义基本价值观念的"包容"是社会主义文化发展方向和人类文化发展规律的有机统一。

六　和谐

"和谐"是人类普遍的价值追求。在人类思想史上，毕达哥拉斯是第一个明确把"和谐"作为哲学基本范畴的哲学家。在毕达哥拉斯看来，数是世界万物的本原，而数字比例关系决定了事物的结构以及事物之间的和谐程度。和谐不仅是灵魂的重要特征，而且也是音乐和哲学的重要内容，更是宇宙间普遍存在的现象。关于和谐的本质，他认为"和谐是杂多的统一，不协调因素的协调"[①]。后来，毕达哥拉斯的学生赫拉克利特则从对立面相反相成的角度阐述了他的和谐观。他说："自然也追求对立的东西，它是从对立的东西产生和谐，而不是从相同的东西产生和谐。"[②]黑格尔则进一步丰富发展了赫拉克利特的和谐思想。他不仅认为和谐是对立面的统一，是包含着对立和差异的和谐，而且还把和谐看作一个矛盾不断解决又不断产生的过程。无论是毕达哥拉斯还是黑格尔，都主要探讨了和谐的本质规定。还有许多思想家从人与自然、人与人、人与社会等诸种关系的角度阐述了自己的和谐思想。柏拉图所描绘的理想国就是一个社会各阶级以专业分工为基础的等级式的和谐社会，生产者、军人和统治者依据各自的自然禀赋，各司其职、各尽其责、各得其所。"这样一来，整个国家将得

---

① 北京大学哲学系美学教研室编《西方美学家论美和美感》，商务印书馆，1980，第14页。
② 北京大学哲学系外国哲学史教研室编译《古希腊罗马哲学》，生活·读书·新知三联书店，1957，第19页。

到非常和谐的发展，各个阶级将得到自然赋予他们的那一份幸福。"① 亚里士多德以财产为依据将社会分为三个阶层，即富有的阶层、贫穷的阶层和介于二者之间的中间阶层。他认为，只有让中间阶层成为统治者，才能实现社会的正义与和谐。近代以来，霍布斯、洛克、孟德斯鸠等都是为了维护社会的和谐、实现人类的持久发展而提出自己的政治理论的。孔德、斯宾塞、杜尔克姆、帕森斯等社会学家还从社会学的视角阐述了自己为实现和谐社会所创立的思想。此外，空想社会主义者也将和谐作为自己所设想的未来社会的价值目标。在莫尔的设想中，乌托邦不仅免费为包括外侨在内的所有居民提供衣食住所，而且还义务照顾因母亲生病或者死亡而无人照管的婴儿。在巴贝夫设想的平等共和国中，无论是青少年的教育还是老弱病残的照养，均能得到社会保障。傅立叶、欧文和魏特林等在批判不公正、不合理的资本主义社会的基础上，提出了建立和谐制度、和谐公社等主张。

"和谐"是中国传统文化最富特色的基本精神。中国是一个有着五千年悠久历史的文明古国，自古以来就有许多关于和谐的思想。这些思想不仅体现在人与自然的关系上，而且体现在人与人、人与社会等关系上。在人与自然的关系上，中国传统文化中有"天人合一"的思想。北宋时期的张载不仅明确提出"天人合一"的概念，而且还提出了民胞物与的思想。他说："乾称父，坤称母。予兹藐焉，乃混然中处。故天地之塞吾其体；天地之帅吾其性。民吾同胞，物吾与也。"（《正蒙·乾称》）张载把自然界看成人类的父母，人类则是自然界的儿女，提出人类与自然应和谐相处。张载之后的二程、朱熹、王夫之等都进一步丰富了"天人合一"的思想。在人与人的关系上，孔子主张"君子和而不同，小人同而不和"和"己所不欲，勿施于人"，这成为人与人之间和谐相处的原则。孟子主张"老吾老，以及人之老；幼吾幼，以及人之幼"（《孟子·梁惠王上》），

---

① 〔古希腊〕柏拉图：《理想国》，郭斌和、张竹明译，商务印书馆，1986，第 134 页。

"人不独亲其亲，不独子其子，使老有所终，壮有所用，幼有所长，矜（鳏）寡孤独废疾者皆有所养"（《礼记·礼运》），这包含了人与社会和谐相处的思想。在身心和谐方面，我国古代思想家无一例外地设计了种种方案，提出了各种各样的学说。儒家主张"养心"，道家提出"见素抱朴""心斋""坐忘"等主张。由此可以看出，和谐是中国传统文化中最具世界意义和最富现实价值的文化资源。

"和谐"是当代中国社会最强烈的呼声。党的十一届三中全会以来，随着改革开放的实施和社会主义市场经济改革目标的确立，我国社会的生产力得到了持续、快速的发展，我国取得了举世瞩目的经济成就，人民生活水平普遍得到提高，综合国力大大增强。然而，随着社会主义市场经济的发展和经济社会转型的深入，我国社会经济成分、组织形式、就业方式、利益关系和分配方式日益多样化，这就使中国社会在快速发展的过程中出现了许多问题。具体地说，在经济总量不断上升的过程中，城乡之间、区域之间的经济发展不平衡；在经济快速发展的过程中，教育、医疗、社会保障等社会建设发展相对滞后，并且城乡、区域之间在社会建设方面存在差距；在取得举世瞩目的经济成就的同时，人与自然的矛盾日益凸显，大气污染、水污染、土壤污染严重，土地沙漠化、资源浪费、部分生物濒临灭绝等，经济发展付出了生态代价；在改革过程中，由于法律、体制机制的不健全，存在部分公职人员腐败等现象，严重影响社会的稳定和发展；随着市场经济的发展和对外开放的深入，人们的价值观念日益多元、多样，对当代中国的文化建设和意识形态建设提出了挑战；随着经济总量的增大和综合国力的提升，我国在国际社会上的影响力大大增强，西方发达国家通过各种途径、采取各种方式遏制中国的发展。为此，要实现社会主义现代化和中华民族伟大复兴的目标就需要营造合作、共赢的国际环境。由此可见，将和谐作为中国特色社会主义基本价值观念具有深厚的现实基础。

当代中国的"和谐"观念具有自己独特的内容。尽管中西文化中都有

"和谐"思想，但二者存在显著区别。西方文化中的和谐思想主要限于从哲学上揭示"和谐"的实质以及人与人之间的和谐关系，最初并没有蕴含人与自然和谐的思想，这主要是由西方特有的思维方式决定的。西方文化蕴含的思维方式从总体上来说属于主客二分的思维方式，这种思维方式强调人对自然的认识和改造，这就是西方自然科学发达的重要原因之一。西方文化中人与自然和谐相处的思想是在现当代西方国家中人与自然之间的矛盾恶化之后才产生的。即使西方文化强调社会和谐，也是出于维护社会秩序，古希腊时期柏拉图和亚里士多德的和谐观念就是以维护奴隶制度为基础的，近代以来无论是在理论上还是在实践上，和谐都是依靠民主和法治来维护的。中国传统文化中包含有丰富的和谐思想，这种思想不仅体现在人与人、人与社会的关系上，而且体现在人与自然的关系上。例如，中国传统文化在人与自然的关系上主张"天人合一"，在人与人之间的关系上主张"和睦共处"，在政治上主张"政通人和"，在对外关系上主张"协和万邦"。但从总体上来说，我国传统文化中的"和谐"是一种以人伦为基础的和谐观念。这种以人伦为基础的和谐表现在人与自然的关系上就是强调民胞物与、天人感应等，而不是强调认识、利用自然规律；体现在人与人的关系上就是强调通过个人内在的修养达到人际和谐。同时，中国传统社会的和谐是依靠封建礼制来实现的，这就使得我国传统文化中的和谐思想带有浓厚的封建等级色彩。比如"有子曰：'礼之用，和为贵。先王之道，斯为美。小大由之，有所不行。知和而和，不以礼节之，亦不可行也'"（《论语·学而》），"君尊于上，臣恭于下，尊卑大小，截然不可犯，似若不和之甚。然能使之各得其宜，则其和也孰大于是！"（《朱子语类》卷六十八）当代中国的"和谐"价值观念，从内容上包括人与自然的和谐，人与人、人与社会、国家与国家之间的和谐，人与自身的和谐。具体地说，在人与自然的关系上，既强调人类对自然界的利用和改造，又强调人类在利用和改造自然界的过程中要遵守自然界的客观规律，实现人与自然的和谐相处。在人与人、人与社会的关系上，强调既要发扬民主又要重视法制，既要依法治国又要以德治国，既要注重公平又要讲求效率，既要充满活力又要井然有序，既要尊重个人合法利益又要保障他人正当利益，既要保障个人利益、眼前利益又要维护整体利益、长远利益。在国与国的关系上，在坚持和平共处五项原则的基础上，奉行合作、共赢的价值理念，努力维护和促进世界和平与发展。在人与自身的关系上，强调要做到物质生活与精神生活平衡发展，努力成为一个德智体美全面发展的人。

第四章　中国特色社会主义基本价值观念的重要意义

中国特色社会主义基本价值观念，体现社会主义制度本质要求又立足于当代中国基本国情，体现共产主义价值理想又反映民众现实利益诉求，吸收人类有益文明成果又符合人类社会发展趋势，对当代中国具有重要的意义。它既为当代中国的社会主义现代化建设提供了价值导向，又成为现阶段加强社会主义意识形态建设的重要抓手，同时还是提高我国文化软实力的重要着力点。

第一节　中国社会主义现代化建设的基本遵循

改革开放以来，我国的社会主义现代化建设取得了举世瞩目的成就。经济持续高速增长，人民生活水平大幅度提高；民主政治建设持续推进，公民权利和政治权利得到有效保障；文化事业和文化产业共同发展，人民思想文化素质普遍提高；教育医疗卫生等社会事业迅速发展，覆盖全民的社会保障体系基本建成。然而，在经济社会快速发展的过程中，也出现了许多亟须解决的重大问题。中国特色社会主义基本价值观念的凝练，将为我国建成社会主义现代化国家、实现中华民族伟大复兴提供基本价值遵循。

一　推动经济持续健康发展

改革开放以来，我国经济持续快速增长，经济总量已跃至世界第二位，人民生活水平普遍提高，综合国力大大增强。然而，当前我国经济在发展中也面临许多问题，其中最突出的有经济下行压力较大、经济发展不平衡问题突出、资源环境约束日益趋紧。因此，以中国特色社会主义基本价值观念为价值导向，推动我国经济持续稳定健康发展，当前应做好以下几方面的工作。

以结构调整为主攻方向加快转变发展方式。过去，我国经济发展采用的是一种主要依靠生产要素投入的粗放型发展方式，而这又主要源于我国经济结构不合理。我国经济结构的不合理，体现在三次产业结构上，就是第二产业所占比重较高，第三产业所占比重较低，同发达国家产业结构状况存在较大差距；体现在发展动力结构上，就是经济发展过于依靠外需和投资，内需明显不足。因此，优化经济结构，加快推进经济结构战略性调整，必须从三次产业结构和发展动力结构两方面着手。首先要贯彻新发展理念，加快产业结构优化升级。要做强增量，大力发展战略新兴产业，推动新技术、新领域制造业的商业化运用，努力增加服务业特别是生产性服务业在三次产业中的比重；要做优存量，充分利用现代高新技术特别是现代信息技术，推动现代信息技术同工业特别是传统工业的融合，加快传统行业的转型升级。其次要以供给侧结构性改革为主线，不断扩大内需。"推进供给侧结构性改革，是适应和引领经济发展新常态的重大创新，是适应国际金融危机发生后综合国力竞争新形势的主动选择，是适应我国经济发展新常态的必然要求。"[①] 要深化分配制度改革，提高劳动收入所占比重；要完善公共服务体系，提高民众的消费能力；要推进农业现代化、农民市民化和新农村建设，使城镇化成为我国经济稳定

[①]　习近平：《论把握新发展阶段、贯彻新发展理念、构建新发展格局》，中央文献出版社，2021，第 73 页。

快速健康发展的持续动力，使我国形成消费、投资和出口"三驾马车"齐驱的格局。

大力实行区域协调发展战略。长期以来由于自然环境、地理位置、人口状况和国家政策等，我国经济区域发展呈现出不平衡的状况，严重制约我国经济持续发展和社会和谐。推动区域经济协调发展，已经成为我国经济社会持续健康发展的重要动力和有力保障。"新形势下促进区域协调发展，总的思路是：按照客观经济规律调整完善区域政策体系，发挥各地区比较优势，促进各类要素合理流动和高效集聚，增强创新发展动力，加快构建高质量发展的动力系统，增强中心城市和城市群等经济发展优势区域的经济和人口承载能力，增强其他地区在保障粮食安全、生态安全、边疆安全等方面的功能，形成优势互补、高质量发展的区域经济布局。"① 具体地说，对内方面，在坚持国家主体功能区域规划的基础上，中西部地区要充分发挥资源丰富、要素成本低、市场潜力大的优势，积极有序承接东部沿海地区产业转移，加速推进中西部地区新型工业化和城镇化进程；积极推动跨行政区域协同发展，以京津冀协同发展、长江经济带发展、长三角一体化发展为主要抓手，整合区域资源，使区域之间形成分工协作、优势互补的良好发展格局。在对外方面，要围绕"丝绸之路经济带""21世纪海上丝绸之路"等，加强区域之间合作，推动经济全球化朝着更加开放、包容、普惠、平衡、共赢方向发展。

大力推行创新驱动发展战略。创新，是一个民族的灵魂，是一个民族发展进步的阶梯。自近代以来，正是以科技革命为核心的不断创新，推动人类社会不断向前快速发展。党的十八大首次提出了创新驱动发展战略。这是新一届党中央领导集体着眼于世界发展趋势和国内发展形势而作出的重大战略部署。实施创新驱动发展战略，成为完成经济发展方式转变和经

---

① 《十九大以来重要文献选编》中，中央文献出版社，2021，第189~190页。

济结构战略调整重大任务、实现全面建成小康社会和中华民族伟大复兴伟大使命的关键。实施创新驱动发展战略，就是要充分发挥市场在资源配置中的决定性作用，发挥市场对技术研发方向、路线选择、要素价格和各类创新要素配置的导向作用；就是要强化企业在科技创新中的主体地位，以鼓励企业创新为核心完善相关的投资、金融、税收等方面的制度和政策，建立以企业为主导、产学研协同发展的技术创新体系；要提高科技成果转化率和应用率，符合开放规定的国家重大科研基础设施一律向社会开放，将科技成果转化率和应用率纳入相应的科技评价体系，构建公开透明的国家科研资源管理和评价机制；要加大知识产权保护力度，完善与知识产权保护相关的法律法规，严厉惩处侵犯知识产权的行为；完善金融、财政及相关制度与政策，鼓励企业和个人大胆创新，在全社会营造大众创业、万众创新的良好氛围。

扩大对外开放，努力构建开放型经济新体系。1978 年以来，我国对外开放不断深入，目前已经形成了沿海、沿江、沿边、内陆地区相结合的全方位、多层次、宽领域的对外开放格局。面对国际国内复杂的经济形势，我们必须进一步扩大对外开放，不断提高我国经济的对外开放水平，努力构建开放型经济新体系。从对内来说，要深化行政体制改革，进一步简政放权，破除地区、行业保护主义，激发市场主体活力；要深化国有企业改革，允许民间资本进入金融、电力、铁路、基础设施建设等领域。从对外来说，要统一内外资相关法律法规，推进金融、教育、文化等服务业领域有序开放，进一步放宽服务业领域外资准入限制；要加快自由贸易区建设，改革外资管理体制，优化外资发展环境，努力构建面向全球的高标准自由贸易区网络；要抓住全球产业重新布局机遇，加快沿海沿边开放步伐，促进人员、资源等有效流动，大力推进"一带一路"建设，努力形成全方位开放格局。

二　维护人民当家作主地位

中华人民共和国宪法规定，选举权与被选举权，言论、出版、集会、结社、游行、示威以及监督权是中华人民共和国公民享有的最基本的权利和政治自由，依法保障和实现每一个公民的基本政治权利和自由，是党和政府不可推卸的法律责任。新中国成立以来，我国民主政治建设迅速发展，取得巨大成就。我们建立和完善了人民代表大会制度、中国共产党领导的多党合作和政治协商制度、民族区域自治制度和基层群众自治制度，中国特色社会主义法律体系基本形成，政治体制改革不断推进，公民的基本政治权利和当家作主地位得到了切实保障。在取得巨大成就的同时，我国的民主建设也存在不少问题，如民意表达渠道不畅、公民监督权落实不到位等。因此，我们必须在中国特色社会主义基本价值观念的引导下，进一步发展社会主义民主政治，保障人民当家作主。

坚持和完善人民代表大会制度。人民代表大会制度是我国的根本政治制度，是保证人民当家作主的制度设计。新中国成立特别是改革开放以来，全党全国人民对人民代表大会制度地位和作用的认识不断加深，选举制度不断完善，各级人大的机构设置日益健全，人大的监督权、重大事项决定权和人事任免权得到了有效保障，各级人大代表的作用得到充分发挥，等等。然而，人民代表大会制度在直选范围、代表比例、工作机制等方面仍有许多需要完善的地方。我们要进一步明确人大同"一府两院"的关系，确保人大的立法、监督、重大事项决定和人事任免等权力得到有效行使；要进一步完善我国的选举制度，降低党政干部代表比例，提高基层代表特别是一线工人、农民代表比例；要进一步完善人大工作机制，通过座谈、听证、评估、公布法律草案等形式扩大公民政治参与途径，通过质询、调查、审查等途径积极回应群众利益诉求；要进一步加强和改进代表工作，通过建立健全网络平台、联络机构等形式密切各级人大代表同人民群众的联系，使人大代表自觉接受人民监督。

大力发展协商民主，推进协商民主广泛多层制度化发展。协商民主是我国人民民主的重要形式，是我国社会主义民主政治的特有形式和独特优势，是党的群众路线在政治领域的重要体现。新中国成立以来，我国协商民主制度化、规范化和程序化不断推进，民主党派、无党派人士在民主监督、参政议政等方面的作用得到充分发挥。发展协商民主，就是要在中国共产党的领导下，围绕经济社会发展重大问题和涉及群众切身利益的实际问题广泛开展协商；就是要广纳群言、广集民智，充分发挥党的制度优势，动员政府机关、民主党派、社会团体等组织单位，围绕立法、行政、参政议政、社会事务等内容开展广泛协商；就要是大力加强政治协商相关制度建设，使民主流派等的政治协商、民主监督、参政议政等方面的权利得到切实保障，使人民政协协商民主主渠道作用得到有效发挥；就是要充分发挥统一战线在协商民主中的重要作用，通过开协商会、谈心会、座谈会等形式，充分发挥民主党派和无党派人士在经济社会建设中的作用。

大力发展基层民主。基层群众自治制度是我国的一项基本政治制度，是保障公民基本政治权利得以实现的基本形式。党的十一届三中全会以来，我国基层民主制度不断发展和完善，民主选举、民主决策、民主管理和民主监督制度化水平不断提高。基层民众的选举参与度不断提高，直接选举范围不断扩大；农村村民会议、社区居民会议、听证会等民主决策制度日益健全，企业职工大会的审议建议权得到切实保障；村民、居民自治章程不断建立，村务管理、财务审计等制度日益健全，民主管理水平不断提高；事务公开、定期报告、离任审计等制度陆续实施，基层民众的监督权得到有效保障。要坚持政府依法行政和基层群众依法自治相结合，不断提高基层组织自我管理、自我服务、自我教育和自我监督的能力和水平；要逐步扩大基层民众有序政治参与，推进基层自治组织信息公开，加强涉及群众切身利益问题的民主协商，强化对基层群众自治组织权力的有效监督，不断丰富和完善基层民众行使民主权利的内容和形式；要建立健全利益调节机制和利益冲突干预机制，严厉打击各种损害基层群众利益的违法行为；要大力培育社会服务组织，充分发挥社会组织在监督政府行为、影响政府决策等方面的作用。

加强对权力运行的制约和监督。我国是社会主义国家，一切权力属于人民，各级党组织和政府机构及其工作人员代表人民行使管理国家事务、管理经济和文化事业、管理社会事务的权力。新中国成立特别是党的十一届三中全会以来，我们不断建立和完善权力制约和监督体制机制，不断深化政治体制改革，加快推进以惩治和预防腐败为重点的反腐倡廉建设，权力得到有效制约和监督。同时，由于市场经济的发展、封建主义残余思想的影响和体制机制的不完善，对权力运行的制约和监督还面临许多突出问题。强化对权力运行的制约和监督，就是要努力维护宪法法律权威，任何组织和个人都必须在宪法和法律范围内活动，牢固树立宪法和法律红线；就是要深化行政体制改革，进一步简政放权，正确处理政府与市场、政府与社会的关系，同时完善行政执法体制，规范行政执法程序，加强对行政执法的监督；就是要深化司法体制改革，确保司法机关依法独立公正行使审判权和检察权，加强对司法活动及其工作人员的监督，积极推进审判和检务公开，广泛实行人民陪审员和监督员制度，不断拓展人民群众有序参与司法活动的渠道；就是要通过建立健全制度加强和改进对党政主要领导干部权力的制约和监督，大力推行权力清单制度，实行党务、政务和各领域办事公开制度，并加强对主要领导干部的行政监察和审计监督；就是要加强党风廉政建设和反腐败工作，积极落实党风廉政建设责任制，充分发挥纪委在反腐倡廉中的重要作用，严格落实领导干部个人有关事项报告和公开制度；就是要大力加强党的作风建设，紧紧围绕反对形式主义、官僚主义、享乐主义和奢靡之风，健全改进作风常态化的体制机制，始终保持党同人民群众的血肉联系。

三 促进社会公平正义

坚持以人为本，实现公平正义和共同富裕，是社会主义的本质要求。改革开放以来，随着经济的快速发展和综合国力的增强，我国的社会建设取得了巨大成绩。教育医疗卫生事业快速发展，公共服务体系日益完善，覆盖全民的社会保障体系基本建成。但是也出现了许多不符合公平正义要求的社会现象，最为突出的有收入差距较大、基本公共服务发展不均衡、社会阶层流动不畅、公共安全形势严峻等。这就需要我们坚守中国特色社会主义基本价值观念，不断加强社会建设，努力改善民生，推动社会朝着更加公平正义的方向发展。

努力维护社会公共安全。公共安全，事关人民健康和福祉。努力维护社会公共安全，是我国社会建设的重要内容。党和政府历来高度重视社会公共安全，坚持把公共安全作为重要民生工作来抓，公共安全体制机制日益健全，人民群众的安全感不断提升。同时，我国公共安全领域仍存在一些亟待解决的突出问题，如食品药品、交通生产等领域的公共安全事件易发多发，维护公共安全任务繁重。维护社会公共安全，就是要建立健全公共安全教育体系，大力宣传和普及与广大人民群众日常生活密切相关领域的安全知识，提高广大民众的安全意识；就是要完善公共安全相关法律法规，依法严厉防范和惩治各类违法犯罪活动；就是要建立最严格的覆盖全过程的食品监管制度，完善食品监管体系，全面实行质量标识制度和食品原产地可追溯制度；就是要深化安全生产管理体制改革，定期或不定期排查安全生产隐患，遏制重特大安全事故的发生；就是要落实安全生产责任制，对于发生重特大安全事故的企业或地区，不仅要追究直接责任人的法律和民事责任，而且要追究相关领导干部的责任，对于食品药品等特殊领域的特重大安全事故要实行责任终身追究制；就是要加强社会治安综合治理，充分利用网络等现代信息技术，建立立体化社会治安防控体系。

努力实现基本公共服务均等化。基本公共服务是由政府主导提供的旨在满足全体公民生存和发展基本需要的公共服务，主要包括与基本民生需求紧密相关的医疗卫生、教育、社会保障、就业服务、住房保障等领域的公共服务。享受基本公共服务是每一个公民的基本权利，全体公民都应公平可及地享受与经济社会发展水平和阶段相适应的、大致均等的基本公共服务。实现基本公共服务均等化，就是要建立和完善基本医疗和养老保障制度，实现基本医疗保险和基本养老保险全覆盖，并不断提高保障水平；

就是要深化教育领域综合改革，统筹城乡义务教育资源均衡配置，充分利用信息化手段实现优质教育资源共建共享，同时推进考试招生制度改革，不断促进教育公平；就是要建立城乡均等的公共就业创业服务体系，努力消除城乡、行业、身份、性别等一切影响平等就业的制度障碍和就业歧视，完善就业失业监测统计制度和失业保险制度；就是要建立健全符合国情的住房保障和供应体系，继续加快推进保障性住房建设和棚户区改造工程；就是要加大对基本公共服务领域的政府投资，重点向农村倾斜，最终实现学有所教、劳有所得、病有所医、老有所养、住有所居的发展目标。

深化收入分配制度改革。收入分配制度是我国经济社会发展中一项带有根本性、基础性的制度安排，是社会主义市场经济体制的重要基石，也是促进共同富裕的基础性制度。改革开放以来，我国已基本建立了一套与基本国情和社会发展阶段相适应的收入分配制度。同时，收入分配领域仍然存在一些亟待解决的突出问题，如居民收入差距依然较大，收入分配秩序不规范问题突出。党的二十大指出："坚持按劳分配为主体、多种分配方式并存，构建初次分配、再分配、第三次分配协调配套的制度体系。"①继续深化收入分配制度改革，就是要继续完善劳动、资本、技术、管理等要素按贡献参与分配的初次分配机制，适当提高劳动报酬在初次分配中的比重，努力实现劳动报酬增长和劳动生产率同步提高；就是要健全以税收、社会保障、转移支付为主要手段的再分配调节机制，通过改革和完善个人所得税、财产税等加大税收调节力度，按照全覆盖、保基本、多层次和可持续的要求全面建成覆盖城乡全体居民的社会保障体系；就是要引导、支持有意愿有能力的企业、社会组织和个人积极参与公益慈善事业；就是要加大强农惠农富农政策力度，实现城乡公共资源均衡配置、生产要素平等交换和自由流动，逐步实现城乡发展一体化；就是要大力整顿和规

---

① 习近平：《高举中国特色社会主义伟大旗帜　为全面建设社会主义现代化国家而团结奋斗——在中国共产党第二十次全国代表大会上的报告》，人民出版社，2022，第47页。

范收入分配秩序，保护合法收入、调节过高收入、清理规范隐性收入、取缔非法收入，构建公开透明、公正合理的收入分配秩序。

畅通社会阶层之间合理正常流动渠道。社会阶层结构是社会结构的核心，保持社会阶层之间的正常流动则是现代社会阶层结构形成的关键。新中国成立后，我国建立了一套以户籍制度、人事制度为主要内容，以城乡二元分割、工人干部相对分离的社会流动体制，除高考、参军和招工等渠道外，社会阶层之间的流动非常有限。改革开放以来，随着市场化、工业化和城市化的深入发展，社会阶层不断分化，社会阶层流动机制日益完善，极大地推动了社会发展。同时，由于部分体制机制不够健全、改革不到位，出现了社会阶层之间流动不畅的问题。建立公正合理的社会流动机制，就是要深化户籍制度改革，建立与经济社会发展水平、综合承载能力和基本公共服务提供能力相适应，以人为本、科学高效、规范有序的新型户籍制度；就是要深化教育制度改革，均衡配置城乡教育资源，改革招生考试制度，继续提高农村和贫穷边远地区的高考录取率；就是要深化就业体制改革，规范招人用人制度，消除城乡、行业之间一切影响平等就业的制度障碍和就业歧视，对于各种违规违法招人用人行为进行严厉惩处并对相关领导进行问责；就是要尽快建立覆盖城乡全体公民的社会保障体系，为社会阶层之间的正常流动提供有力保障。

四　实现人与自然和谐发展

自然界是人类存在和发展的基础。人类首先来源于自然界，是自然界发展到一定历史阶段的产物，是自然界不可分割的组成部分，受自然规律的制约。同时，自然界为人类的生存和发展奠定物质基础，满足人类衣食等基本需要的物质生活资料的生产就是人类与自然界进行物质能量交换的过程。因此，实现人与自然的和谐发展，是人类社会存在和发展的根本利益所在。

加快实施主体功能区战略。国土，是人类赖以生存和发展的家园，是我们进行生态文明建设的空间载体。从总体上来说，我国的国土空间呈现出以下特点，即陆地国土空间面积广大但适宜工业化城镇化开发的面积较少，水资源总量丰富但时间、空间分配不均，能源和矿产资源较为丰富但主要化石能源和重要矿产资源相对短缺，生态类型多样但生态脆弱区面积较大，自然灾害频繁且威胁区域及人口较多。同时，在经济社会发展中，我国国土在开发利用中也出现了一些突出问题，如耕地减少过多过快，生态破坏严重，资源过度开发，等等。为了适应经济社会发展的需要，实现人与自然的和谐发展，必须加快实施主体功能区战略，坚持以人为本，以提高全体人民的生活质量、增强可持续发展能力为基本原则，以保护自然生态为前提，以水土资源承载能力和环境容量为基础，严格按照国家主体功能规划进行产业开发和经济布局，努力构建一个高效、协调、可持续的国土空间开发格局，最终实现人与自然的和谐发展。①

全面促进能源资源节约。人类已发现的主要化石能源和重要矿产资源都是有一定储量的，而不是取之不尽用之不竭的。因此，节约资源，是保护生态环境的重要举措。节约能源和资源，就是要大力倡导节约资源、能源的观念，向广大民众介绍我国的资源能源状况，并宣传和普及节约资源、能源的知识和技术；就是要转变资源、能源利用方式，充分发挥现代科学技术的作用，不断提高资源、能源的利用效率和效益；就是要优化能源消费结构，重点支持节能低碳产业和新能源、可再生能源发展，这不仅有利于空气和环境质量的改善，而且有利于缓和资源环境与经济社会发展的矛盾，进而维护我国能源安全；就是要加强水源地保护，改善水源地周围的生态环境，同时对水资源的利用进行总量限制，并大力发展水资源循环利用技术，提高我国水资源的利用效率；就是要严守耕地保护红线，努力维护我国粮食安全，同时要严格土地用途管理，对于侵占耕地、土地闲置和擅自变更土地用途的违法违规行为进行严惩；就是要实施重大生态修

---

① 《国务院关于印发全国主体功能区规划的通知》，中国政府网，http://www.gov.cn/zwgk/2011-06/08/content_1879180.htm。

复工程，扩大森林、湖泊和湿地等所占面积，防止水土流失、沙漠化等现象进一步恶化，逐步增强我国生态环境的生态产品供应能力。

建立和完善生态文明制度体系。保护生态环境必须依靠制度，必须通过建立健全生态文明制度体系来保护生态环境。建立和完善生态文明制度，就是要健全自然资源资产产权制度，对水流、森林、草原等所有自然生态空间统一进行确权登记，明确各类自然资源产权主体的权利和责任，不断创新自然资源所有权的实现形式，并建立自然资源资产管理体制；就是要健全资源有偿使用和生态补偿制度，按照成本收益相统一、所有者权益和生态环境损害统筹兼顾的原则，充分考量社会可承受力，建立水、土地、矿产资源、海域海岛等自然资源有偿使用制度，逐步对各种占用自然生态空间的主体和行为征收资源税，并加大对国家重点生态功能区的生态补偿力度；就是要建立健全环境治理体系，尽快在全国建立统一公平、覆盖所有固定污染物的企业排污许可制度并建立污染物排放监管制度、损害赔偿制度，在重点区域、重点领域建立污染防治区域联动机制并完善突发环境事件应急机制；就是要健全环境信息公开制度，对于与人民群众生活紧密相关的水、大气等领域的信息，排污单位、监管部门都要及时公开，同时保障人民群众依法有序行使环境参与权和监督权并完善和拓宽相关平台和渠道；就是要完善生态文明绩效评价考核和责任追究制度，研究制定可操作性强的绿色发展指标体系和评价考核办法，建立资源环境承载能力监测预警机制，同时要对领导干部任期内辖区自然资源资产变化状况进行离任审计，并实行党政领导干部生态环境损害责任终身追究制度。[①]

第二节　中国社会主义意识形态建设的重要抓手

改革开放以来，我国的意识形态建设取得了巨大成绩。马克思主义中

[①]　《中共中央 国务院印发〈生态文明体制改革总体方案〉》，中国政府网，http://www.gov.cn/guowuyuan/2015-09/21/content_2936327.htm。

国化不断推进，哲学社会科学繁荣发展，文学艺术佳作精彩纷呈，公民思想道德素质不断提高，马克思主义在意识形态领域的指导地位日益巩固。但是，在全球化、信息化和市场化的影响下，各种非马克思主义甚至反马克思主义的思潮趁机涌入，传统的价值观念在市场经济的冲击下遭到解构而新的价值观念尚未建立，这种价值观念"缺位"的状态不仅会使社会出现价值失序，而且也可能为西方价值观念的入侵提供了可乘之机。因此，中国特色社会主义基本价值观念的凝练，对于巩固马克思主义在意识形态领域的指导地位、维护我国的意识形态安全具有重要意义。

一 深化对中国特色社会主义的认识

马克思曾在《〈黑格尔法哲学批判〉导言》一文中深刻阐明了理论及理论研究的重要意义。他说："批判的武器当然不能代替武器的批判，物质力量只能用物质力量来摧毁；但是理论一经掌握群众，也会变成物质力量。理论只要说服人［ad hominem］，就能掌握群众；而理论只要彻底，就能说服人［ad hominem］。"① 要想使理论彻底，就必须加强理论研究，不仅要告诉人们是什么，而且还要讲清楚为什么和怎么办。加强中国特色社会主义基本价值观念研究，既是整合社会意识、强化马克思主义在意识形态领域指导地位的要求，又是表征中国身份、提高我国文化软实力的要求，更是凝聚社会共识、推动中国特色社会主义制度不断完善和发展、凝聚实现第二个百年奋斗目标动力的要求。

以中国特色社会主义基本价值观念为抓手加强社会主义意识形态建设，就是要深刻解读中国特色社会主义基本价值观念的丰富内涵和实践要求，不仅要讲清楚人本、公正、共富、民主、包容、和谐基本价值观念在当代中国的本质规定，而且要将它们与广大民众的现实生活紧密结合并转化为可操作、可视化、可考核、可监督的具体实践要求；就是要全面阐述

---

① 《马克思恩格斯选集》第 1 卷，人民出版社，2012，第 9~10 页。

当代中国社会主义建设的基本状况，不仅要向广大民众介绍新中国成立特别是改革开放以来我国社会主义现代化建设所取得的巨大成绩，而且要使广大民众了解当代中国在经济、政治、文化、社会等方面所面临的突出问题和严峻挑战，使他们对当代中国的基本国情形成系统、客观的认识，从而为中国特色社会主义基本价值观念的培育和践行奠定现实基础；就是要深入研究中国特色社会主义基本价值观念同中华传统价值观念和西方文化近现代价值观念的联系与区别，不仅要厘清中华传统价值观念和西方文化近现代价值观念的历史发展脉络、演进历程，而且要阐明中华传统价值观念和西方文化近现代价值观念产生的自然条件、经济社会条件以及同当代中国社会的本质区别，更要讲清中国特色社会主义基本价值观念同中华传统价值观念和西方文化近现代价值观念的本质区别不仅体现在具体表述上，更重要的是体现在具体内涵上；就是要深度挖掘中国传统文化中的优秀基因，吸收中华优秀传统文化中的精神营养，推动中华优秀传统文化的创造性转化和创新性发展，使中华优秀传统文化成为涵养中国特色社会主义基本价值观念的重要源泉；就是要深入挖掘马克思主义中国化理论中蕴含的价值资源，科学阐述中国特色社会主义道路、中国特色社会主义理论体系、中国特色社会主义制度同中国特色社会主义基本价值观念之间的内在联系，充分展现中国共产党领导全党全国人民所进行的革命、建设和改革的伟大实践就是中国特色社会主义基本价值观念不断彰显和践行的过程；就是要深入研究社会主义建设中的理论和现实问题，高度关注广大民众的思想动态，科学运用马克思主义的立场、观点和方法，及时、准确解答广大民众的理论困惑，牢牢把握思想阵地的话语权；就是要深入研究培育和践行中国特色社会主义基本价值观念的基本规律，深度挖掘民众认知、认同、接受和践行价值观念的内在机理，充分研究、借鉴传统中国和西方培育、践行核心价值观念的基本经验特别是宗教界进行信仰建设的宝贵经验，增强中国特色社会主义基本价值观念培育和践行的自觉性和有效性；就是要高度重视社科界在中国特色社会主义基本价值观念研究中的重要作用，充分发挥高校、党校、社科院、行政学院及其他研究机构学者集聚的优势，加强对中国特色社会主义基本价值观念的学术研究和理论阐释，并将中国特色社会主义基本价值观念的研究纳入马克思主义理论研究和建设工程、国家哲学社会科学基金重大项目，推动中国特色社会主义基本价值观念的研究向纵深发展。

二　推动青少年正确价值观念的养成

少年是祖国的花朵，青年是时代的最灵敏的晴雨表。青少年的价值取向决定了未来整个社会的价值取向，而青少年又处在价值观念形成和确立的关键时期，促进青少年正确价值观念的养成，是凝练中国特色社会主义基本价值观念的重要意义所在。青少年正确价值观念的养成，固然需要青少年从现在做起、从身边做起、从自己做起、从小事做起，记住要求、勤奋学习、加强修养、明辨是非、踏实笃行，一点一滴积累，逐渐使中国特色社会主义基本价值观念成为自己的基本遵循，更为重要的是需要家庭、学校和社会形成教育合力。

在青少年价值观念的形成过程中，学校发挥着不可替代的重要作用。它不仅是青少年获得知识的摇篮，更是青少年思想道德品质培育的前沿阵地。充分发挥学校教育在青少年价值观念形成过程中的作用，就是要把中国特色社会主义基本价值观念贯穿于基础教育、高等教育、职业技术教育、成人教育全过程，实现所有学校和所有受教育者全覆盖；就是要用中国特色社会主义基本价值观念指导国民教育各阶段的教材体系建设，将当代中国价值观念的具体要求融入各门课程的教材之中，对于不符合中国特色社会主义基本价值观念具体要求的内容，要组织力量进行重写或者修订；就是要充分发挥中小学德育课、高校思想政治理论课在思想道德建设中的主渠道作用，优化学校课程设置，增加德育课和思想政治理论课所占比重，同时要配优配强德育课和思想政治理论课的师资力量，使得学校在思想道德建设方面的重要作用得到充分体现；就是要将中国特色社会主义基本价值观念同学生的日常生活结合起来，将它的具体内容转化为学生的日常行为准则，使之逐渐内化为学生的日常行为习惯，达到日用而不觉的效果；就是要将中国特色社会主义基本价值观念融入校园文化的建设之中，充分利用校园广播、电视、网络、条幅、展板等载体加强对中国特色社会主义基本价值观念的宣传，在宿舍楼、教学楼、办公楼、食堂等公共场所的显目位置粘贴印有中国特色社会主义基本价值观念内容的图片、格言警句、书画作品，围绕中国特色社会主义基本价值观念开展各种类型的演讲、辩论、知识竞赛、美术比赛、演出等文化活动，在校园营造积极向上的文化氛围；就是要将中国特色社会主义基本价值观念融入教学科研和服务管理之中，牢固树立以学生为本的理念，坚持一切为了学生、为了一切学生和为了学生的一切的宗旨，不断提高教学科研水平和管理水平。

在青少年价值观念的形成过程中，父母和教师要做到言传身教。父母是孩子人生的第一任老师，教师是人类灵魂的工程师，父母和教师的言行对青少年价值观念的形成和确立发挥着关键作用。从父母方面来说，要尊老爱幼、诚信友爱、遵纪守法，要热爱劳动、热爱祖国、热带大自然，要确立并带头遵守家训家规，夫妻之间要相互尊重、相互支持、相互关爱；从教师方面来说，教师不仅肩负着向学生传授知识的责任，更要做中国特色社会主义基本价值观念的传播者和践行者，尤其是与青少年紧密相关的任课教师、党团干部和班主任、辅导员，更是应该严于律己，加强自身的道德修养，自觉弘扬和践行中国特色社会主义基本价值观念；学校和教育管理部门要将中国特色社会主义基本价值观念融入教师职前培养和准入、职后培训和管理的全过程，培养一支与人类灵魂工程师称号相符合的教师队伍。此外，社会要加强中国特色社会主义基本价值观念的宣传和弘扬，运用能为广大青少年所理解的大众语言进行中国特色社会主义基本价值观念的宣传，同时要充分利用动画、音乐等来弘扬中国特色社会主义基本价值观念，更为重要的是要充分发挥榜样的力量，联系青少年身边的事例，树立平凡而又伟大、质朴而又高尚、贴近生活实际和大众情感的鲜活模范人物，引导青少年价值观念的养成。

三 促进社会良好道德风尚的形成

人不是以个体的形式存在的，而是社会存在物。马克思曾说："人的本质不是单个人所固有的抽象物，在其现实性上，它是一切社会关系的总和。"[①] 这就决定着社会环境在个人成长过程中发挥着重要作用。一个人能否健康成长，一个社会是否有序，很大程度上取决于这个社会是否形成了良好的道德风尚。中国特色社会主义基本价值观念的凝练与践行，对社会良好道德风尚的塑造具有非常重要的意义。

良好道德风尚的形成需要发挥典型人物的示范作用。要深度挖掘各行各业具有代表性的、体现中国特色社会主义基本价值观念具体要求或者在弘扬和践行中国特色社会主义基本价值观念方面具有突出表现的先进人物、先进事迹，重点树立那些平凡而又伟大、质朴而又高尚、贴近生活实际和大众情感的鲜活模范人物；要加大对先进人物的奖励力度，不仅让他们在物质上获得丰厚的奖励，而且要为他们提供政治参与渠道，真正发挥他们的带头示范作用；要加大对先进人物的宣传力度，用他们日常生活中的典型事迹去激发广大民众产生情感上的共鸣；公众人物要严格要求自己，规范自己的言行，不发表与中国特色社会主义基本价值观念不相符的言论，不做与中国特色社会主义基本价值观念相违背的事情，带头弘扬和践行中国特色社会主义基本价值观念。党员领导干部要率先垂范，带头学习和践行中国特色社会主义基本价值观念，使中国特色社会主义基本价值观念成为自己日常言行的基本遵循；要树立正确的政绩观，以为人民服务为宗旨，以维护和发展最广大人民的根本利益为最终依据，以群众满意不满意、高兴不高兴、答应不答应作为一切工作的最高标准；要树立正确的权力观，时刻铭记手中的权力是人民赋予的，时刻坚持权为民所用、情为

---

① 《马克思恩格斯选集》第 1 卷，人民出版社，2012，第 135 页。

民所系、利为民所谋，不能利用手中的权力贪赃枉法、徇私舞弊；要严以修身，带头恢复和发扬党的优良传统和优良作风，带头纠正党内不好的风气，以优良的党风促政风带民风。

良好道德风尚的形成离不开道德建设。要广泛开展多种形式的志愿服务活动，以城乡社会为重点，以相互关爱、服务社会为主题，以老人、儿童、残疾人等特殊群体为对象，采取有效措施推动志愿服务活动逐步常态化；要大力开展爱心公益活动，围绕关爱妇女、环境保护、疾病预防，针对特殊病人、空巢老人、留守儿童等，组织开展各种形式的爱心公益活动，并广泛动员社会各界参加到活动中来；要广泛开展美丽中国建设，宣传和弘扬在各行各业默默奉献的劳动者，让整个社会形成人人创优、个个争先的良好风貌；要大力开展爱国主义教育活动，建立和完善爱国主义教育基地，充分利用各种节日、纪念日等对全民进行爱国主义教育。同时，群众性精神文明创建活动必须将中国特色社会主义基本价值观念融入相关评价指标中去，不仅要求衣食富足、环境美丽、基础设施齐全，而且还要民风质朴、人际和谐、管理民主、精神高尚。此外，要以征信系统建设为抓手加强社会诚信建设，将纳税、履约、信贷、产品质量等信息及时、准确、全面地录入征信系统。政府各部门要建立失信处罚制度，对危害生命安全、财产安全的行为加大处罚力度，让失信者寸步难行。要将政务诚信纳入政府和公职人员的考核范围，重点考核与民生领域息息相关的部门，严肃惩处有失诚信的行为。

第三节　中国社会主义文化国际竞争力的核心内容

随着中国经济社会的快速发展和综合国力的大幅提升，由于意识形态和国家利益等，西方国家要么对中国走社会主义道路表现出敌视，要么对中国人民所创造的中国奇迹表示质疑，要么对日益强大的中国表示担忧和恐惧。同时，世界各国价值观念的竞争日趋激烈，对于正走在复兴之路上的中华民族来说，迫切需要高扬当代中国的核心价值观念，为中华民族的伟大复兴提供精神动力。因此，中国特色社会主义基本价值观念的凝练，对于提高我国文化的软实力具有重要意义。

一 塑造和平发展的良好国际形象

对外宣传工作是党的宣传工作的重要组成部分，对于维护国家利益和形象、增进不同国家之间的了解和认知发挥着不可替代的作用。中国特色社会主义基本价值观念不仅是我国对外宣传的重要内容，而且应成为指导我国对外宣传工作的重要原则。这不仅有利于有效地回应国际社会对于中国的各种质疑和挑战，而且有利于为我国的现代化建设营造良好的国际环境。

对外宣传从内容上来说，可分为国内和国际两个部分。从国内来看，首先是要全面客观地向世界各国介绍我国社会主义现代化建设所取得的巨大成就。一个国家的价值观念能否得到他国的理解和认同，不仅取决于该国的价值观念是什么，更重要的是取决于这个国家价值观念践行的实际状况。人本、公正、共富、民主、包容、和谐作为当代中国的核心价值观念，必须通过切切实实的发展成就向世界各国展示出来，只有转化为现实的内容才具有吸引力和说服力。因此，对外宣传工作的一项重要内容就是要全面客观地向世界各国介绍我国改革开放以来在经济、政治、文化、社会、生态等方面所取得的巨大成就，增进国际社会对我国社会发展整体状况的了解，从而增进国际社会对中国特色社会主义基本价值观念的理解和认同。其次是宣传我国的大政方针。向世界各国介绍我国现代化建设所取得的成就，展现的是现在中国社会的发展状况，而准确全面地向国际社会宣传我国的大政方针，展现的是中国社会的未来走向。国际社会不仅关注中国社会的现实状况，更加关注中国的未来走向。任何国家的施政方针都体现一定的价值取向，当前我国的路线、方针、政策都是中国特色社会主义基本价值观念的生动体现，我们党和国家的领导人、政府部门、新闻媒体必须充分利用各种场合和机会及时、准确、全面地向国际社会宣介我国的大政方针，增进国际社会对中国社会的了解和对中国特色社会主义基本价值观念的认同。最后，加大对社会基层和普通民众中体现中国特色社会主义基本价值观念的事迹的对外宣传力度。中国特色社会主义基本价值观念的对外宣传既需要国家层面的宏大叙事，也需要充分利用微观层面的鲜活素材。在当代中国社会发展的过程中，存在许多体现中国特色社会主义基本价值观念的地方改革举措和民众先进事迹，我们应该通过传统媒体和现代媒体等向国际社会进行推介，增强中国特色社会主义基本价值观念的可感性和亲和力。党的二十大强调要"坚守中华文化立场，提炼展示中华文明的精神标识和文化精髓，加快构建中国话语和中国叙事体系，讲好中国故事、传播好中国声音，展现可信、可爱、可敬的中国形象"①。

从国际来看，我国的对外政策和国际行为都要体现中国特色社会主义基本价值观念的内在要求。首先，在处理国际关系时要高举和平、发展、合作、共赢的旗帜，长期坚持把和平共处五项原则作为处理国际争端和国际关系的基本原则，长期奉行共同、综合、合作、可持续的亚洲安全观，突出体现亲、诚、惠、容的周边外交理念，与周边国家共同构建以合作共赢为核心的命运共同体。具体来说，就是要在"政治上相互尊重、平等协商，共同推进国际关系民主化；经济上相互合作、优势互补，共同推动经济全球化朝着均衡、普惠、共赢方向发展；文化上相互借鉴、求同存异，尊重世界多样性，共同促进人类文明繁荣进步；安全上相互信任、加强合作，坚持用和平方式而不是战争手段解决国际争端，共同维护世界和平稳定；环保上相互帮助、协力推进，共同呵护人类赖以生存的地球家园"②。其次，要勇于、敢于并善于回应国际社会对中国的各种关切和质疑。随着

---

① 习近平：《高举中国特色社会主义伟大旗帜　为全面建设社会主义现代化国家而团结奋斗——在中国共产党第二十次全国代表大会上的报告》，人民出版社，2022，第45~46页。

② 《十七大以来重要文献选编》上，中央文献出版社，2009，第36页。

我国经济的快速发展和综合国力的大幅攀升，出于意识形态和国家利益等多方面的原因，国际社会特别是西方发达国家长期以来对我国始终保持怀疑态度。有的人提出"中国威胁论"，他们根据自己固有的"国强必霸"的逻辑，认为中国强大之后必定会对他国造成威胁；有的人提出"中国崩溃论"，他们根据自己国家现代化的发展模式，认为中国也必将走上西方国家高能耗、高污染的发展道路。对于此类观点，我们必须进行坚决反驳，我们要以"中国机遇论"回应"中国威胁论"、以"可持续发展论"回应"中国崩溃论"、以"负责任大国论"回应"中国责任论"、以"和平发展论"回应"国强必霸论"。最后，要在国际问题和全球性问题上发出"中国声音"。我们应该积极参与国际规则的制定，根据中国特色社会主义基本价值观念的内在要求，努力推动国际关系的民主化，为构建公正的国际经济政治新秩序而不懈努力。对于环境保护、反对恐怖主义、反核扩散等全球性问题和局部冲突等国际重大事件，我们应该依据中国特色社会主义基本价值观念明确表明中国立场。

二 建构中国特色的学术话语体系

随着经济全球化的深入发展，文化也冲破原有的地理界线走出国门、走向世界。不同文化之间的交流交融交锋既对各国的文化安全提出了严峻挑战，同时也为不同文化之间的交流和对话提供了机会。学术话语作为文化的重要组成部分，对于促进各国学术交流、传播各国的价值观念发挥着重要作用。因此，中国特色学术话语体系的建构，必须坚持中国特色社会主义基本价值观念。

哲学社会科学界在对外学术交流中首先要做好中国特色社会主义基本价值观念的解读工作。不仅要讲清楚中国特色社会主义基本价值观念是什么，而且还要讲清楚中国特色社会主义基本价值观念的制度基础、现实条件以及它同中国传统价值观念和人类文明有益成果之间的内在联系，更为重要的是要讲清楚中国特色社会主义基本价值观念同过去一切价值观念的本质区别和内在超越。中国特色社会主义基本价值观念是以社会主义经济制度、政治制度和马克思主义指导地位为基础的价值观念，是超越资本主义社会中的人类中心主义和自由至上原则、符合人类社会发展趋势的价值观念。其次，对于西方学术话语中与中国特色社会主义基本价值观念有冲突的价值观念要进行规范。在当今世界，西方在包括学术话语在内的整个国际话语体系中居于优势地位，一个重要原因就在于自由、平等、民主、人权等话语在其提出之初就被赋予了普遍性意义，并且西方国家掌握着话语的定义权和解释权。"每一个企图取代旧统治阶级的新阶级，为了达到自己的目的不得不把自己的利益说成是社会全体成员的共同利益，就是说，这在观念上的表达就是：赋予自己的思想以普遍性的形式，把它们描绘成唯一合乎理性的、有普遍意义的思想。"① 因此，对于西方话语体系中的价值观念我们应该进行辨别。对于那些符合社会主义要求的价值观念我们应该大胆使用，对于那些违背人民根本利益的价值观念我们应该果断放弃，对于那些需要限定的价值观念，我们应该站在人类道义的理论高度对其本质内涵进行新的阐释，以逐步掌握国际话语的定义权和解释权。

哲学社会科学界还要围绕中国特色社会主义伟大实践进行理论创新。中国特色社会主义伟大实践就是中国共产党带领全党全国各族人民践行中国特色社会主义基本价值观念的伟大实践，这为我国哲学社会科学的理论创新提供了丰富的现实材料。然而，在国际话语体系中，我国学术界的国际话语权无论是从与其他社会各界国际话语权的比较来看还是同其他国家学术话语权的比较来看都处于劣势，我们相对缺乏与我国生动的社会主义现代化建设相适应、相匹配的世界级的理论成果。因此，我国的哲学社会科学界不仅应该深刻阐述中国走社会主义道路的历史必然性，向世界展现中国特色社会主义道路是中国人民的自主选择，而且应该从经济、政治、文化等多个方面对中国特色社会主义伟大实践进行理论总结和学术概括，

---

① 《马克思恩格斯选集》第1卷，人民出版社，2012，第180页。

力争形成一批体现中国特色社会主义基本价值观念的具有世界影响的学术成果。同时，也要加强中外学术交流以推动中国特色社会主义基本价值观念的对外传播。举办、参加各种形式的学术活动，是促进学术交流的重要途径。我们不仅要积极参加世界性的学术会议和学术活动，通过此类活动向世界宣传、阐释中国特色社会主义基本价值观念，向国际社会宣介中国在社会主义现代化建设过程中在经济、政治、文化、社会以及内政国防外交诸方面所取得的巨大成就和推行的方针政策，而且还要积极主办、承办各种高端学术会议，特别是要继续利用好现有的各种学术高层论坛，通过议题设置来积极宣传中国特色社会主义基本价值观念。此外，我们还可以通过支持海外汉学、海外中国学发展和向海外发布体现中国特色社会主义基本价值观念的研究项目等形式推动中国特色学术话语体系的建构。

三 推动中华优秀传统文化的对外传播

文化是一个民族屹立于世界民族之林的根本。无论哪一个民族、哪一个国家，如果丢掉了思想文化这个灵魂都是不能立于世界民族之林的。中国是一个有五千年历史的文明古国，中华文明是世界上唯一没有中断而延续至今的文明，中华传统文化蕴含着丰富的与体现人类社会发展趋势的中国特色社会主义基本价值观念相契合的思想资源。因此，中国特色社会主义基本价值观念的对外传播，有利于推动中华优秀传统文化走出国门、走向世界，不断提高我国文化竞争力。

中华传统文化中蕴含着许多既与中国特色社会主义基本价值观念相契合又能解决当代人类面临的共同难题的文化资源。具体来说，主要包括以下几个方面。第一，关于天人合一的和谐思想。在人与自然的关系上，尽管中华传统文化中的天人合一思想带有明显的人伦倾向，但中华传统文化特别是道家思想强调尊重自然规律、主张人与自然和谐相处，这对于缓解今天人类社会所面临的人与自然的紧张关系具有重要的启发作用。第二，关于安民乐民富民的民本思想。中华传统文化中包含着丰富的民本思想，封建社会的民本思想尽管并不是现代意义上的民主思想，但是对于我们仍具有现实意义。当今世界面临许多难以解决的公共问题，如粮食安全问题、核武器和生化武器问题、环境破坏问题、贫困问题、毒品犯罪问题等，国际社会是站在占世界人口极少数的权贵阶层立场还是站在占世界人口绝大多数的普通人民的立场，对于这些问题的解决至关重要。第三，关于和而不同的思想。当今世界是一个多元多样多变的世界，全球化既促进了不同国家、地区之间的交流和融合，也带来了利益、文化等诸方面的交锋与冲突。这就需要国与国之间在经济上互通有无、合作共赢，政治上相互尊重、平等协商，文化上尊重多样、相互借鉴，共同维护和促进人类社会的和平与发展。此外，还包括天下大同、仁者爱人、讲信修睦、居安思危等思想。我们应该通过各种途径向国际社会传播中华传统文化中的优秀思想，不断增强中国特色社会主义基本价值观念的吸引力，不断提高我国的文化软实力。

推动中华传统文化走向世界，首先要充分利用孔子学院、孔子课堂等国外中办机构推动中华文化"走出去"。随着我国经济社会快速发展、国际地位大幅提升，国际社会更加重视与中国建立友好关系。为了适应这一形势，自2004年开始，我国开始在世界各国设立孔子学院、孔子课堂。截至2019年底，我国已在162个国家（地区）建立550所孔子学院和1172个中小学孔子课堂。[1] 孔子学院和孔子课堂项目的推行为推动中华文化特别是汉语走向世界作出了重大贡献。但是，孔子学院和孔子课堂在发展中也存在一些问题，其中之一就是中华文化中所蕴含的价值观念传达不够。我们应该将新时期被赋予新内涵和价值意蕴的中华优秀传统文化，特别是一些蕴含着中国特色社会主义基本价值观念的经典著作、历史典故、寓言、故事、格言、成语介绍到国外，这样既促进了汉语的学习，也推动了中华优秀传统文化的传播。还要充分发挥海外中国文化中心的作用，通过

---

[1] 《全球孔子学院达550所》，中国政府网，http://www.gov.cn/xinwen/2019-12/10/content_5459864.htm。

展览、讲座、影视欣赏等形式向世界传播中华优秀传统文化和中国特色社会主义基本价值观念。此外，还要继续开展"中国文化年"、海外"欢乐春节"、"文化中国·四海同春"、加拿大"中国文化系列活动"、俄罗斯"中国旅游年"、尼泊尔"中国节"、"感知中国"、"视觉中国"等活动，通过文以载道的形式向世界各国传播中华优秀传统文化。其次，积极开展"请进来"系列活动传播中华优秀传统文化。我们可以通过设立奖学金和专项基金等形式邀请外国专家、教师和学生来华学习中华文化，还可以通过暑期夏令营等短期活动邀请外国青年学生来华学习、交流、参观，以诸如此类的形式促进中华优秀传统文化和中国特色社会主义基本价值观念走向世界。同时，继续开展"相约北京"、亚洲艺术节、中俄文化大集、青年汉学家研修计划、中国上海国际艺术节、中国上海国际电影节等活动，促进中华优秀传统文化的对外传播。

结　语

　　"社会主义核心价值体系"特别是"社会主义核心价值观"提出后，学术届围绕社会主义核心价值观进行了广泛深入的研究，在凝练原则、具体表述、基本特征、践行路径等方面形成了许多具有重要价值的理论成果，但也存在一些有待进一步研究的问题。主要有：一是如何准确把握社会主义核心价值观的内涵；二是如何进一步凝练和概括出更为简洁的社会主义核心价值观；三是如何在落实落细落小上下功夫，进一步丰富和拓展践行社会主义核心价值观的现实路径。基于以上因素，本书试图在上述方面作一些探索。

　　以下将对使用"中国特色社会主义基本价值观念"这一表述的原因，以及它与社会主义核心价值观的关系进行说明。第一，中国特色社会主义基本价值观念与社会主义核心价值观在内容上是一致的，均指当代中国的主流价值观念。"社会主义核心价值观"可从本来意义和特指意义两个维度去理解。本来意义上的"社会主义核心价值观"是指所有社会主义国家必须共同坚守的基本价值理念，特指意义上的"社会主义核心价值观"则是指当代中国的主流价值观念。当前我们所培育和弘扬的"社会主义核心价值观"不是本来意义上的，而是特指意义上的当代中国主流价值观念，即"中国特色社会主义基本价值观念"。正如习近平总书记所说："当代中国价值观念，就是中国特色社会主义价值观念，代表了中国先进文化的前进方向。"[①] 第

---

① 《习近平谈治国理政》，外文出版社，2014，第161页。

二，社会主义核心价值观与中国特色社会主义基本价值观念是一般与特殊的关系。社会主义核心价值观既是中国特色社会主义基本价值观念的重要内容，也是建构中国特色社会主义基本价值观念必须遵循的基本原则；中国特色社会主义基本价值观念是社会主义核心价值观在当代中国的具体体现和现实展开，是社会主义核心价值观在当代中国的运用与发展。第三，"基本"在内涵上具有丰富性，包含的内容更广泛一些。"核心"通常指一个事物的本质。作为一种社会制度本质理念的核心价值观念在表述上不可能太多，太多了就不能成其为"核心"了。"基本"既包含"核心"之意，又有"主要"的意思。可见，使用中国特色社会主义基本价值观念这一概念更符合当代中国现实，其学术性也更强一些。

通过认真梳理马克思主义经典作家关于未来共产主义社会的价值理想，深刻分析中华文化传统价值观念和西方文化近现代价值观念的基本内容和理论特质，全面把握当代中国社会发展所取得的巨大成就及面临的重大挑战，中国特色社会主义基本价值观念可以概括为"人本、公正、共富、民主、包容、和谐"。"人本"就是以人为本，即以最广大人民的根本利益为本，以人的自由全面发展为本。"公正"就是社会公正，是以生产资料公有制为基础、以平等优先为前提、以人民利益为依据、以共同富裕为目标的原则，是形式公正与实质公正、权利公正与分配公正、同代公正与代际公正、国内公正与国际公正的辩证统一。"共富"就是共同富裕，让经济发展成果惠及全体人民，让全体人民共享改革发展成果，是先富与后富、物质生活富裕和精神生活富有、公平与效率的统一。"民主"就是人民民主，是过程民主和成果民主、程序民主和实质民主、直接民主和间接民主、人民民主和国家意志相统一的全过程人民民主。"包容"就是文化共同繁荣，要坚持"二为"方向和"双百"方针，推动社会主义文化大发展大繁荣，加强不同文明之间的平等交流与对话，努力维护世界文明多样性。"和谐"既包括人与自然的和谐，又包括人与人、人与社会、国与国之间的和谐以及人自身的和谐。

中国特色社会主义基本价值观念，体现社会主义本质又立足于当代中国实际，体现共产主义价值理想又反映民众现实利益诉求，吸收人类有益文明成果又符合人类社会发展趋势，因此，凝练中国特色社会主义基本价值观念具有重要意义。首先，有利于推动我国经济持续稳定健康发展，维护广大人民群众当家作主地位，促进社会公平正义，实现人与自然和谐发展，为当代中国社会主义现代化建设提供价值导向。其次，有利于深化对中国特色社会主义的认识，推动青少年正确价值观念的养成，促进社会良好道德风尚的形成，成为加强社会主义意识形态建设的重要抓手。最后，有利于塑造和平发展的良好国际形象，建构具有中国特色的学术话语体系，推动中华优秀传统文化走向世界，不断提高我国文化软实力。

本书是在笔者的博士学位论文基础上修改而成的。为了更加全面地反映当代中国的发展成就，本书在出版前增加了 2016 年以来中国特色社会主义理论与实践所取得的最新成果，以及学术界关于相关问题的最新研究进展。中国特色社会主义基本价值观念是一个有很大研究难度的理论议题，因笔者能力所限，本书难免会有不当之处，敬请读者朋友批评指正。

参考文献

一 重要文献

[1]《马克思恩格斯全集》第 1 卷，人民出版社，1956。

[2]《马克思恩格斯全集》第 2 卷，人民出版社，1957。

[3]《马克思恩格斯全集》第 3 卷，人民出版社，1960。

[4]《马克思恩格斯全集》第 16 卷，人民出版社，1964。

[5]《马克思恩格斯全集》第 20 卷，人民出版社，1971。

[6]《马克思恩格斯全集》第 22 卷，人民出版社，1965。

[7]《马克思恩格斯全集》第 30 卷，人民出版社，1995。

[8]《马克思恩格斯全集》第 42 卷，人民出版社，1979。

[9]《马克思恩格斯全集》第 46 卷上册，人民出版社，1979。

[10]《马克思恩格斯选集》第 1~4 卷，人民出版社，2012。

[11]《资本论》第 1~3 卷，人民出版社，2004。

[12]《列宁选集》第 1~4 卷，人民出版社，2012。

[13]《斯大林全集》第 13 卷，人民出版社，1956。

[14]《毛泽东选集》第 1~4 卷，人民出版社，1991。

[15]《毛泽东文集》第 1~2 卷，人民出版社，1993。

[16]《毛泽东文集》第 3~5 卷，人民出版社，1996。

[17]《毛泽东文集》第 6~8 卷，人民出版社，1999。

［18］《毛泽东著作选读》，人民出版社，1986。

［19］《邓小平文选》第1~2卷，人民出版社，1994。

［20］《邓小平文选》第3卷，人民出版社，1993。

［21］《邓小平文集》，人民出版社，2014。

［22］习近平：《习近平谈治国理政》，外文出版社，2014。

［23］习近平：《习近平谈治国理政》第2卷，外文出版社，2017。

［24］习近平：《习近平谈治国理政》第3卷，外文出版社，2020。

［25］习近平：《习近平谈治国理政》第4卷，外文出版社，2022。

［26］习近平：《习近平著作选读》第1~2卷，人民出版社，2023。

［27］《建党以来重要文献选编（一九二一——一九四九）》第1册，中央文献出版社，2011。

［28］《十六大以来重要文献选编》上，中央文献出版社，2005。

［29］《十七大以来重要文献选编》上，中央文献出版社，2009。

［30］《十九大以来重要文献选编》上，中央文献出版社，2019。

［31］《十九大以来重要文献选编》中，中央文献出版社，2021。

［32］习近平：《高举中国特色社会主义伟大旗帜　为全面建设社会主义现代化国家而团结奋斗——在中国共产党第二十次全国代表大会上的报告》，人民出版社，2022。

二　中文著作

［1］〔英〕安德鲁·海伍德：《政治的常识》，李智译，中国人民大学出版社，2014。

［2］〔英〕安德鲁·海伍德：《政治学核心概念》，吴勇译，天津人民出版社，2008。

［3］〔古希腊〕柏拉图：《理想国》，郭斌和、张竹明译，商务印书馆，1986。

［4］北京大学哲学系外国哲学史教研室编译《古希腊罗马哲学》，生活·

读书·新知三联书店，1957。

[5] 北京大学哲学系美学教研室编《西方美学家论美和美感》，商务印书馆，1980。

[6] 北京师范大学管理学院编《中国基本公共服务均等化发展报告（2011）》，经济管理出版社，2011。

[7] 〔法〕罗伯斯比尔：《革命法制和审判》，赵涵舆译，商务印书馆，1965。

[8] 〔英〕伯特兰·罗素：《社会改造原理》，张师竹译，上海人民出版社，1959。

[9] 〔英〕伯特兰·罗素：《西方哲学史》下卷，马元德译，商务印书馆，1976。

[10] 〔英〕伯特兰·罗素：《宗教与科学》，徐奕春、林国夫译，商务印书馆，1982。

[11] 〔英〕罗伯特·欧文：《欧文选集》上下卷，柯象峯、何光来、秦果显译，商务印书馆，1965。

[12] 〔法〕马布利：《马布利选集》，何清新译，商务印书馆，1960。

[13] 曹日昌主编《普通心理学》，人民教育出版社，1979。

[14] 陈章龙、周莉：《价值观研究》，南京师范大学出版社，2004。

[15] （宋）程颢、程颐：《二程集》，中华书局，1981。

[16] 程伟礼、杨晓伟：《中国特色社会主义核心价值观的历史形成》，复旦大学出版社，2012。

[17] （宋）程颐：《周易程氏传》，中华书局，2011。

[18] 戴茂堂、江畅：《传统价值观念与当代中国》，湖北人民出版社，2001。

[19] 戴木才：《中国特色核心价值观的传统、现实与前景》，广西人民出版社，2011。

[20] （汉）董仲舒：《春秋繁露》，中华书局，1975。

［21］杜齐才：《价值与价值观念》，广东人民出版社，1987。

［22］杜任之主编《现代西方著名哲学家述评（续集）》，生活·读书·新知三联书店，1983。

［23］〔阿根廷〕方迪启：《价值是什么——价值学导论》，黄藿译，联经出版事业公司，1986。

［24］〔法〕费尔南·布罗代尔：《文明史纲》，肖昶等译，广西师范大学出版社，2003。

［25］冯契：《冯契文集》第 2 卷，华东师范大学出版社，1996。

［26］〔德〕弗里德里希·包尔生：《伦理学体系》，何怀宏、廖申白译，中国社会科学出版社，1988。

［27］〔德〕弗里德里希·威廉·尼采：《尼采生存哲学》，杨恒达等译，九州出版社，2003。

［28］〔法〕傅立叶：《傅立叶选集》第 3 卷，冀甫译，商务印书馆，1964。

［29］〔法〕傅立叶：《傅立叶选集》第 2 卷，庞龙、冀甫译，商务印书馆，1959。

［30］〔法〕傅立叶：《傅立叶选集》第 1 卷，汪耀三译，商务印书馆，1959。

［31］高清海主编《马克思主义哲学基础》下册，人民出版社，1987。

［32］《管子》，中华书局，2016。

［33］郭建宁主编《社会主义核心价值观基本内容释义》，人民出版社，2014。

［34］罗国杰主编《社会主义和谐社会核心价值体系研究》，中国人民大学出版社，2012。

［35］《韩非子》，中华书局，2007。

［36］韩震：《社会主义核心价值观的话语构建与传播》，中国人民大学出版社，2019。

［37］韩震：《社会主义核心价值观凝练研究》，北京师范大学出版社，2012。

[38] 韩震:《社会主义核心价值观五讲》,人民出版社,2012。

[39] 〔德〕黑格尔:《美学》第1卷,朱光潜译,商务印书馆,1996。

[40] 〔德〕亨里希·李凯尔特:《李凯尔特的历史哲学》,涂纪亮译,北京大学出版社,2007。

[41] 黄凯峰:《价值论及其部类研究》,学林出版社,2005。

[42] 黄凯峰主编《价值观研究:国际视野与地方探索》,学林出版社,2013。

[43] (清)黄宗羲:《明夷待访录》,古籍出版社,1955。

[44] 〔美〕霍尔姆斯·罗尔斯顿:《环境伦理学》,杨通进译,中国社会科学出版社,2000。

[45] 〔法〕基佐:《欧洲文明史》,程洪逵、沅芷译,商务印书馆,2005。

[46] 江畅、戴茂堂:《西方价值观念与当代中国》,湖北人民出版社,1997。

[47] 江畅:《理论伦理学》,湖北人民出版社,2000。

[48] 江畅:《社会主义核心价值理念研究》,北京师范大学出版社,2012。

[49] 江畅:《现代西方价值理论研究》,陕西师范大学出版社,1992。

[50] 姜义华:《民族复兴的核心价值》,上海人民出版社,2012。

[51] 〔英〕杰腊德·温斯坦莱:《温斯坦莱文选》,任国栋译,商务印书馆,1965。

[52] 金耀基:《中国民本思想史》,法律出版社,2008。

[53] 马俊峰:《价值论的视野》,武汉大学出版社,2010。

[54] 〔英〕卡尔·波普尔:《无穷的探索——思想自传》,邱仁宗、段娟译,福建人民出版社,1983。

[55] 〔意〕康帕内拉:《太阳城》,陈大维、黎思复、黎廷弼合译,商务印书馆,1960。

[56] 〔英〕克理斯托弗·道森:《宗教与西方文化的兴起》,长川某译,四川人民出版社,1989。

［57］《马克思主义哲学》编写组编《马克思主义哲学》，高等教育出版社、人民出版社，2009。

［58］〔美〕拉·巴·培里：《现代哲学倾向》，傅统先译，商务印书馆，1962。

［59］兰久富：《社会转型时期的价值观念》，北京师范大学，1999。

［60］《老子》，上海古籍出版社，1989。

［61］（宋）黎清德：《朱子语类》，中华书局，1994。

［62］《礼记》，中华书局，2015。

［63］李建华等：《社会主义核心价值观构建与践行研究》，人民出版社，2017。

［64］李洁：《社会主义核心价值观融入高校思想政治理论课教学研究》，人民出版社，2022。

［65］〔德〕H.李凯尔特：《文化科学和自然科学》，涂纪亮译，商务印书馆，1986。

［66］李连科：《价值哲学引论》，商务印书馆，1999。

［67］李德顺等：《马克思主义哲学范畴研究》，中国社会科学出版社，2010。

［68］李德顺：《价值论：一种主体性的研究》，中国人民大学出版社，1987。

［69］李德顺：《价值论：一种主体性的研究》，中国人民大学出版社，2013。

［70］李德顺：《新价值论》，云南人民出版社，2004。

［71］李霞、李天籽：《东北亚区域能源安全与能源合作》，社会科学文献出版社，2014。

［72］李泽厚：《中国古代思想史论》，人民出版社，1985。

［73］连玉明主编《中国社会管理创新报告 No.1——社会管理科学化与制度创新》，社会科学文献出版社，2012。

[74] 梁启超:《饮冰室文集》第 7 册,中华书局,1989。

[75] 梁漱溟:《中国文化要义》,上海人民出版社,2011。

[76]《列子》,中华书局,2015。

[77] 刘放桐等编著《现代西方哲学》上册,人民出版社,1990。

[78]〔法〕卢梭:《社会契约论》,何兆武译,商务印书馆,2003。

[79] 陆学艺:《社会建设论》,社会科学文献出版社,2012。

[80] 陆学艺主编《当代中国社会结构》,社会科学文献出版社,2010。

[81]〔奥地利〕路德维希·维特根斯坦:《文化与价值》,冯·赖特、海
基·尼曼编,许志强译,浙江文艺出版社,2002。

[82]《论语》,中华书局,2006。

[83]《孟子》,中华书局,2006。

[84]〔法〕摩莱里:《自然法典》,刘元慎、何清新译,商务印书馆,1959。

[85]《墨子》,中华书局,2015。

[86]〔德〕诺贝特·埃利亚斯:《文明的进程》,王佩莉、袁志英译,三
联书店,1998。

[87]〔英〕阿诺德·汤因比:《历史研究》下册,曹未风等译,上海人民
出版社,1964。

[88] 潘维、廉思主编《中国社会价值观变迁 30 年(1978-2008)》,中
国社会科学出版社,2008。

[89]〔美〕庞德:《通过法律的社会控制》,沈宗灵译,商务印书馆,
1984。

[90]〔英〕培根:《新工具》,许宝骙译,商务印书馆,1984。

[91] 马德普:《社会主义基本价值论》,中央编译出版社,1997。

[92] 戚本超、景体华主编《中国区域经济发展报告(2009-2010)》,社
会科学文献出版社,2010。

[93]〔英〕乔治·爱德华·摩尔:《伦理学原理》,长河译,商务印书
馆,1983。

[94]〔美〕乔治·霍兰·萨拜因:《政治学说史》上册,盛葵阳、崔妙因译,商务印书馆,1986。

[95]〔日〕池田大作、〔意〕奥锐里欧·贝恰:《二十一世纪的警钟》,卞立强译,中国国际广播出版社,1988。

[96]〔日〕牧口常三郎:《价值哲学》,马俊峰、江畅译,中国人民大学出版社,1989。

[97]《尚书》,中华书局,2012。

[98]〔法〕圣西门:《圣西门选集》第3卷,董果良、赵鸣远译,商务印书馆,1985。

[99]〔法〕圣西门:《圣西门选集》第1卷,王燕生等译,商务印书馆,1962。

[100]〔美〕斯·坚吉尔译《丹尼·狄德罗的〈百科全书〉(选译)》,梁从诚译,辽宁人民出版社,1992。

[101]〔英〕罗素:《西方哲学史》上卷,何兆武、李约瑟译,商务印书馆,1963。

[102]〔英〕托马斯·莫尔:《乌托邦》,戴镏龄译,商务印书馆,1959。

[103]〔苏〕E. A. 瓦维林、B. П. 弗法诺夫:《历史唯物主义与文化范畴》,雷永生、邱守娟译,河北人民出版社,1987。

[104]万俊人:《现代西方伦理学史》下卷,北京大学出版社,1992。

[105](魏)王弼:《王弼集校释》,中华书局,1980。

[106](清)王夫之:《张子正蒙注》,中华书局,1978。

[107]王怀超等:《1978年以来我国学术界关于社会主义理论研究的进展》,中共中央党校出版社,2014。

[108]王玉樑:《价值哲学》,陕西人民出版社,1989。

[109]王玉樑:《21世纪价值哲学:从自发到自觉》,人民出版社,2006。

[110]王玉樑主编《价值和价值观》,陕西师范大学出版社,1988。

[111]〔英〕威廉·葛德文:《政治正义论》第1卷,何慕李译,商务印

书馆，1980。

［112］〔加〕威廉·莱斯：《自然的控制》，岳长龄、李建华译，重庆出版社，1993。

［113］〔法〕G. 韦耶德、C. 韦耶德合编《巴贝夫文选》，梅溪译，商务印书馆，1962。

［114］韦政通：《中国思想史》，上海书店出版社，2003。

［115］韦政通：《中国文化概论——对传统文化的解析》，水牛出版社，1973。

［116］吴潜涛、艾四林主编《社会主义核心价值观研究前沿问题聚焦——社会主义核心价值观协同创新昆明峰会文萃》，人民出版社，2020。

［117］吴向东：《重构现代性：当代社会主义价值观研究》，北京师范大学出版社，2006。

［118］〔古罗马〕西塞罗：《论共和国 论法律》，王焕生译，中国政法大学出版社，1997。

［119］〔法〕西耶斯：《论特权：第三等级是什么？》，冯棠译，商务印书馆，1990。

［120］肖贵清、周昭成、何启明：《发展目标：富强 民主 文明 和谐》，安徽人民出版社，2013。

［121］肖前主编《马克思主义哲学原理》下册，中国人民大学出版社，1994。

［122］谢安国：《大学生社会主义核心价值观认同研究》，中国社会科学出版社，2022。

［123］谢宇等：《中国民生发展报告2014》，北京大学出版社，2014。

［124］〔古希腊〕修昔底德：《伯罗奔尼撒战争史》上册，谢德风译，商务印书馆，1960。

［125］《荀子》，中华书局，2007。

［126］〔古希腊〕亚里士多德：《形而上学》，吴寿彭译，商务印书馆，1959。

［127］〔古希腊〕亚里士多德：《政治学》，吴寿彭译，商务印书馆，1965。

［128］（清）严可均：《全后汉文》，商务印书馆，1999。

［129］〔德〕伊曼努尔·康德：《道德形而上学原理》，苗力田译，上海人民出版社，2012。

［130］〔比〕伊·普里戈金：《从存在到演化：自然科学中的时间及复杂性》，曾庆宏等译，上海科学技术出版社，1986。

［131］郁建兴、朱旭红：《社会主义价值学导论》，浙江人民出版社，1997。

［132］袁贵仁：《价值学引论》，北京师范大学出版社，1991。

［133］〔美〕约翰·罗尔斯：《正义论》，何怀宏等译，中国社会科学出版社，2009。

［134］张岱年、方克立主编《中国文化概论》，北京师范大学出版社，2004。

［135］张岱年：《文化与哲学》，教育科学出版社，1988。

［136］张涛华：《社会主义核心价值观与中国软实力构建》，九州出版社，2018。

［137］赵敦华：《现代西方哲学新编》，北京大学出版社，2001。

［138］赵馥洁：《中国传统哲学价值论》，人民出版社，2009。

［139］赵家祥、聂锦芳、张立波：《马克思主义哲学教程》，北京大学出版社，2003。

［140］赵人伟等主编《中国居民收入分配再研究：经济改革和发展中的收入分配》，中国财政经济出版社，1999。

［141］马志政等：《哲学价值论纲要》，杭州大学出版社，1991。

［142］中共中央党史研究室：《中国共产党历史》第2卷下册，中共党史出版社，2011。

［143］中国社会科学院农村发展研究所、国家统计局农村社会经济调查局：《中国农村经济形势分析与预测（2013~2014）》，社会科学文

献出版社，2014。

[144] 周辅成编《西方伦理学名著选辑》下卷，商务印书馆，1987。

[145] 周溯源主编《社会主义核心价值观概述语征文选集》，中国社会科学出版社，2012。

[146] （宋）朱熹：《周易本义》，上海古籍出版社，1989。

[147] 《庄子》，中华书局，2016。

[148] 卓越、邹之坤：《中国特色社会主义核心价值理念研究》，中国社会科学出版社，2013。

[149] 《左传》，上海古籍出版社，2015。

三 学位论文

[1] 方爱东：《社会主义核心价值观的发展历程及其当代建构》，博士学位论文，安徽大学，2010。

[2] 高地：《中国共产党社会主义核心价值观教育研究》，博士学位论文，东北师范大学，2011。

[3] 石文斌：《社会主义价值目标及其实现途径研究——中国实践与中国经验》，博士学位论文，华中师范大学，2011。

[4] 田海舰：《社会主义核心价值观研究》，博士学位论文，中共中央党校，2008。

[5] 王芳：《当代中国社会主义核心价值体系建设研究》，博士学位论文，中共中央党校，2014。

[6] 徐腾：《中国特色社会主义核心价值观研究》，博士学位论文，扬州大学，2013。

[7] 周蓉辉：《中国特色社会主义核心价值观研究》，博士学位论文，中共中央党校，2011。

[8] 朱颖原：《社会主义核心价值观研究》，博士学位论文，山西大学，2013。

［9］宋伟：《社会主义核心价值观融入高校校园文化建设研究》，博士学位论文，郑州大学，2016。

［10］郑晶晶：《社会主义核心价值观的中华优秀传统文化底蕴研究》，博士学位论文，大连海事大学，2017。

［11］徐春喜：《当代中国社会主义核心价值观的价值共识问题研究》，博士学位论文，东北师范大学，2018。

［12］蒋艳：《新时代大学生社会主义核心价值观教育模式建构研究》，博士学位论文，中国矿业大学，2019。

［13］吴娜：《社会主义核心价值观引领红色文化创新发展研究》，博士学位论文，南昌大学，2020。

［14］高俊虎：《高校青年教师社会主义核心价值观认同研究》，博士学位论文，东北林业大学，2021。

四　报刊论文

［1］曹建文：《凝练核心价值观是时代重大课题——专访教育部社科中心副主任张剑》，《光明日报》2011年2月25日。

［2］陈秉公：《如何认识社会主义核心价值观与社会主义意识形态的关系?》，《光明日报》2011年2月25日。

［3］陈剑：《"仁义礼智信"应当成为社会主义核心价值体系基本内容》，《新视野》2011年第6期。

［4］陈学慧：《当经济总量过十万亿美元》，《经济日报》2015年3月3日。

［5］陈延斌、周斌：《中国省域民众核心价值观调查报告》，《人民论坛（学术前沿）》2013年第9期。

［6］程恩富：《核心价值观凝练的五个方面》，《光明日报》2011年3月28日。

［7］戴木才：《凝练核心价值观要站在人类价值共识的制高点》，《光明日

报》2012 年 4 月 28 日。

[8] 戴木才：《自由、民主、幸福、仁爱：中国特色社会主义核心价值观内涵初探——中国特色社会主义核心价值观探索之四》，《南昌航空大学学报》（社会科学版）2012 年第 1 期。

[9] 范玉刚：《践行社会主义核心价值观的原则、载体与路径研究》，《湖南社会科学》2013 年第 4 期。

[10] 冯平等：《"复杂现代性"框架下的核心价值建构》，《中国社会科学》2013 年第 7 期。

[11] 冯秀军、王淼：《培育和践行社会主义核心价值观的几个基本问题》，《教学与研究》2014 年第 8 期。

[12] 傅永聚：《关于社会主义核心价值观文字表述的学理思考》，《齐鲁学刊》2014 年第 3 期。

[13] 葛洪泽：《科学社会主义价值理想与中国特色社会主义核心价值》，《中共中央党校学报》2012 年第 4 期。

[14] 龚群：《以马克思主义社会有机体论为基础概括社会主义核心价值观》，《红旗文稿》2012 年第 7 期。

[15] 韩震：《"民主、公正、和谐"体现了社会主义的核心价值追求——兼论社会主义核心价值观的凝练及其原则》，《红旗文稿》2012 年第 6 期。

[16] 侯惠勤：《在社会主义核心价值观的概括上如何取得共识?》，《红旗文稿》2012 年第 8 期。

[17] 江畅：《论当代中国价值观构建》，《马克思主义与现实》2014 年第 4 期。

[18] 江畅：《论价值观念》，《人文杂志》1998 年第 1 期。

[19] 柯缇祖：《社会主义核心价值观研究》，《红旗文稿》2012 年第 2 期。

[20] 李春秋、秦丽君：《社会主义核心价值观的理论与实践依据》，《光明日报》2012 年 5 月 5 日。

［21］ 李建华：《社会主义核心价值观的提炼》，《红旗文稿》2012 年第
　　　 5 期。

［22］ 李德顺：《关于价值与核心价值》，《党政干部学刊》2008 年第 3 期。

［23］ 李德顺：《社会主义核心价值与当代普世价值》，《学术探索》2011
　　　 年第 10 期。

［24］ 梁晨等：《无声的革命：北京大学与苏州大学学生社会来源研究
　　　 （1952—2002）》，《中国社会科学》2012 年第 1 期。

［25］ 廖小平、孙欢：《论构建社会主义核心价值体系的四大机制》，《教学
　　　 与研究》2014 年第 8 期。

［26］ 刘建军、任超阳《社会主义核心价值观的广义与狭义》，《光明日
　　　 报》2014 年 6 月 16 日。

［27］ 刘进田：《富裕、公正、民主、自由是社会主义核心价值观》，《中共
　　　 浙江省委党校学报》2013 年第 1 期。

［28］ 刘云山：《着力培育和践行社会主义核心价值观》，《求是》2014 年
　　　 第 2 期。

［29］ 罗文东：《自主、公平、和谐——中国特色社会主义核心价值论纲》，
　　　 《山东社会科学》2011 年第 9 期。

［30］ 马俊峰：《富裕、民主、公正、和谐：中国特色社会主义的核心价值
　　　 理念》，《湖北大学学报》（哲学社会科学版）2011 年第 3 期。

［31］ 梅荣政：《社会主义核心价值观的内容构成》，《红旗文稿》2012 年
　　　 第 9 期。

［32］ 青连斌：《社会主义必须坚持共同富裕的价值理念》，《科学社会主
　　　 义》2011 年第 6 期。

［33］ 沈江平：《历史唯物主义视野中的核心价值考量》，《马克思主义研
　　　 究》2012 年第 10 期。

［34］ 宋善文：《社会主义核心价值观的基本特征》，《光明日报》2012 年 2
　　　 月 11 日。

［35］谭臻、胡寿鹤：《论价值》，《现代哲学》1990 年第 1 期。

［36］田心铭：《中国社会主义核心价值观：以人为本，实事求是，独立自主》，《马克思主义研究》2011 年第 11 期。

［37］王怀超：《关于中国特色社会主义理论几个基本问题的思考》，《科学社会主义》2012 年第 2 期。

［38］王怀超：《社会主义、科学社会主义与中国特色社会主义》，《科学社会主义》2005 年第 2 期。

［39］王学俭、李东坡：《培育和践行核心价值观的原则、路径和机制研究》，《中国特色社会主义研究》2014 年第 3 期。

［40］王泽应：《社会主义核心价值观的基本特征》，《光明日报》2007 年 4 月 3 日。

［41］吴向东：《社会主义核心价值观的表述与逻辑：一种可能的思路》，《哲学研究》2013 年第 1 期。

［42］辛鸣：《社会主义核心价值观的构建》，《党政干部参考》2010 年第 6 期。

［43］徐海荣：《积极培育和践行社会主义核心价值观的路径》，《红旗文稿》2013 年第 7 期。

［44］许耀桐：《关于社会主义核心价值观的若干问题》，《中共中央党校学报》2012 年第 4 期。

［45］叶小文：《践行社会主义核心价值观的三个关键》，《红旗文稿》2014 年第 8 期。

［46］于娟、佘双好：《从文化建设的视角看社会主义核心价值观的培育和践行——访中国社会科学院马克思主义研究院顾问、武汉大学教授陶德麟》，《马克思主义研究》2014 年第 4 期。

［47］张岱年：《论价值的层次》，《中国社会科学》1990 年第 3 期。

［48］张建忠：《公、平、正、义、和：社会主义核心价值观试探》，《探索》2012 年第 2 期。

［49］张耀灿：《关于社会主义核心价值观凝练问题的思考》，《重庆工商大学学报》（社会科学版）2013 年第 3 期。

［50］张智：《当代中国社会主义的价值自觉——社会主义核心价值观研究回顾与前瞻》，《教学与研究》2013 年第 10 期。

［51］赵守运、邵希梅：《必须重新界定哲学的"价值"范畴》，《中国人民大学学报》1991 年第 5 期。

［52］周文彰：《核心价值观要内化于心外化于行》，《光明日报》2014 年 3 月 10 日。

［53］刘先春、柳宝军：《家训家风：培育和涵养社会主义核心价值观的道德根基与有效载体》，《思想教育研究》2016 年第 1 期。

［54］刘建军：《高校培育和践行社会主义核心价值观的四个步骤》，《思想理论教育》2016 年第 3 期。

［55］李阳、韩颖：《社会主义核心价值观引领下的大学生公益精神培育机制研究》，《思想理论教育导刊》2016 年第 5 期。

［56］满昌学、陈松青：《以乡贤文化涵养农村社会主义核心价值观培育》，《学术论坛》2016 年第 11 期。

［57］陈延斌：《高校要坚持不懈培育和弘扬社会主义核心价值观》，《马克思主义与现实》2017 年第 3 期。

［58］王宇、张澍军：《论革命精神对社会主义核心价值观培育的支持力》，《思想政治教育研究》2017 年第 5 期。

［59］王易、安丽梅：《传统家训在培育和践行社会主义核心价值观中的作用探析》，《思想教育研究》2017 年第 8 期。

［60］李艳：《红色文化资源与大学生社会主义核心价值观培育》，《广西社会科学》2017 年第 10 期。

［61］张泰城、常胜：《红色文化资源与社会主义核心价值观培育》，《求实》2016 年第 11 期。

［62］石琳琳：《以乡贤文化滋养农村社会主义核心价值观培育》，《学校党

建与思想教育》2018 年第 6 期。

[63] 王珺颖:《社会主义核心价值观情感认同的培育路径》,《思想教育研究》2019 年第 12 期。

[64] 赵波、武瑾雯:《榜样教育在培育社会主义核心价值观中的作用》,《学校党建与思想教育》2020 年第 1 期。

[65] 张进、万芳坤:《社会主义核心价值观视域下的高校志愿文化培育研究》,《学校党建与思想教育》2020 年第 9 期。

[66] 张蓓蓓:《大学生社会主义核心价值观认同与培育探究》,《学校党建与思想教育》2020 年第 12 期。

[67] 刘兴华:《新时代大学生社会主义核心价值观认同培育探索》,《学校党建与思想教育》2021 年第 3 期。

五 外文文献

[1] B. Macpherson, *Dilemmas of Liberalism and Socialism*, New York: St. Martin's Press, 1988.

[2] C. Sumner, *Reading Ideologies: An Investigation into the Marxist Theory of Ideology and Law*, London: Academic Press, 1979.

[3] J. Laird, *The Idea of Value*, Cambridge: Cambridge University Press, 1929.

图书在版编目（CIP）数据

中国特色社会主义基本价值观念研究／何启刚著
. -- 北京：社会科学文献出版社，2023.6
ISBN 978-7-5228-1876-4

Ⅰ.①中⋯　Ⅱ.①何⋯　Ⅲ.①社会主义核心价值观-研究-中国　Ⅳ.①D616

中国国家版本馆 CIP 数据核字（2023）第 094083 号

中国特色社会主义基本价值观念研究

著　　者／何启刚

出 版 人／王利民
责任编辑／曹义恒
文稿编辑／周浩杰
责任印制／王京美

出　　版／社会科学文献出版社·政法传媒分社（010）59367126
　　　　　地址：北京市北三环中路甲 29 号院华龙大厦　邮编：100029
　　　　　网址：www. ssap. com. cn
发　　行／社会科学文献出版社（010）59367028
印　　装／三河市东方印刷有限公司

规　　格／开　本：787mm×1092mm　1/16
　　　　　印　张：13.5　字　数：201 千字
版　　次／2023 年 6 月第 1 版　2023 年 6 月第 1 次印刷
书　　号／ISBN 978-7-5228-1876-4
定　　价／98.00 元

读者服务电话：4008918866

▲ 版权所有 翻印必究